《发展汉语》编委会

对外汉语长期进修教材

发展汉语

初级汉语口语（上）

陈晨　编著

北京语言大学出版社
BEIJING LANGUAGE AND CULTURE UNIVERSITY PRESS

图书在版编目（CIP）数据

初级汉语口语·上册/陈晨编著.
—北京：北京语言大学出版社，2012 重印
（发展汉语）
对外汉语长期进修教材
ISBN 978-7-5619-1296-6

Ⅰ. 初…
Ⅱ. 陈…
Ⅲ. 汉语-口语-对外汉语教学-教材
Ⅳ. H195.4

中国版本图书馆 CIP 数据核字（2004）第 016435 号

书　　名：初级汉语口语·上册
责任印制：陈　辉

出版发行：北京语言大学出版社
社　　址：北京市海淀区学院路 15 号　邮政编码 100083
网　　址：www.blcup.com
电　　话：发行部　82303648/3591/3650
　　　　　编辑部　82303647/3592
　　　　　读者服务部　82303653/3908
　　　　　网上订购电话　82303668
　　　　　客户服务信箱　service@blcup.net
印　　刷：北京中科印刷有限公司
经　　销：全国新华书店

版　　次：2004 年 9 月第 1 版　2012 年 1 月第 11 次印刷
开　　本：787 毫米×1092 毫米　1/16　印张：17.75
字　　数：300 千字
书　　号：ISBN 978-7-5619-1296-6/H·04018
定　　价：36.00 元

凡有印装质量问题，本社负责调换。电话：82303590

一、编写背景

现有的长期进修教材数量和种类不少，但系列配套的主干教材不多。经过认真研究，中国人民大学对外语言文化学院决定组织编写一套对外汉语长期进修教材——《发展汉语》。

二、编写过程

历时两年多的教材编写工作是在学院的统一领导下进行的。为保证教材的编写质量,学院成立了教材编写委员会,制定编写计划,负责日常的编写组织工作。在编写之初,学院邀请有关专家就教材编写的理论和实践进行学术讲座,组织教材编写人员阅读有关文献,分析相关教材,充实教材编写的理论知识,广泛收集编写材料。教材编委会成员分工负责同一系列初、中、高纵向的联系和不同系列横向的协调。初稿完成后,在大纲的约束下,同一系列不同层次纵向之间进一步相互校改、不同系列同一层次横向之间进一步相互校正。先期完成的不少教材还经过了试用和修改。

三、教材体制

《发展汉语》系列配套教材包括《初级汉语》、《中级汉语》、《高级汉语》，《初级汉语口语》、《中级汉语口语》、《高级汉语口语》，《初级汉语听力》、《中级汉语听力》、《高级汉语听力》，《中级汉语阅读》、《高级汉语阅读》，《中级汉语写作》、《高级汉语写作》共13种，每种均分为上、下两册，共26本。每本教材均以一个学期为一个使用周期。除阅读和写作教材只分中、高两个层级外，其余各类教材均从零起点开始，分为初、中、高三个层次。

四、使用对象

本套教材是专为来华学习汉语的长期进修生编写的，基本上可以满足初（含零起点）、中、高各层次听、说、读、写各主干课程的教学需要。其中，中高级教材也可供汉语言专业本科生教学选用。

五、教学目标

本套教材的教学目标是，通过汉语知识及其相关文化知识的教学和听、说、读、写各项语言技能的训练，逐步培养和提高学习者运用汉语进行交际的能力。为更好地实现这一总体目标、提高教学效率，所编教材力求做到好教、易学、实用、有趣。

六、编写原则

为实现教材编写的总体目标，本套教材确定如下编写原则：

(1) 遵循语言规律、语言教学规律和语言学习规律。广泛吸收语言本体研究、语言教学研究和语言习得研究等方面的成果。

(2) 语言的结构规律和语言的交际功能并重，同时兼顾相关文化内容的教学。广泛吸收各种教学理论和教学法流派的长处。

(3) 遵循教材编写的常规原则：由易到难、急用先学、循序渐进、重复再现；遵循第二语言教材编写的通用原则：针对性、科学性、实用性、趣味性。为此，编写过程采取如下一些主要措施：注重教材定位的准确性，利用教学大纲和水平大纲的指导和约束，教学内容兼顾学习者当前学习生活和未来工作需要，增强内容的百科知识性和哲理思辨性，注重题材体裁和语体风格多样化，确立文化的多元和包容以及沟通和理解的观念，等等。

(4) 遵循以学习者为中心的原则，一切以有利于更快、更好地提高学习者的语言运用能力为第一要务。为此，要求教材的结构设计、内容选择、注释和说明、习题的设计、课文的长短等等，从宏观到微观，力求时时处处站在学习者的角度，用学习者的眼光来衡量和取舍。

(5) 继承和发展相结合的原则。要求教材设计和编写从理论到实践、从体例编创到各环节的组织和安排，都要考虑它跟以往教材的联系与区别，也就是继承和发展的问题。充分吸收以往教材编写的成功经验，认真考虑所编教材整体和局部的创新。

七、余　言

由于工作关系，我本人参与了这套教材的策划和编写组织工作，了解编写和设计的指导思想，故应邀概述其旨。根据我个人对这套教材的观察和对现有教材的了解，我认为这套教材基本达到了设计要求，并且在整体和局部上既吸收了同类教材的长处，又有所创新。但是，编写一套26本的系列配套教材在我们学院还是第一次，工作量之大、组织协调之难是可想而知的，存在缺憾和不足恐怕在所难免。我们期待本套教材的使用者提出宝贵的意见，以便在可能的情况下进一步修改和完善。我想这将是参与本套教材编写的所有人员的真诚愿望。

八、致　谢

《发展汉语》系列配套教材的编写，得到了国家汉办有关领导的肯定和支持；得到了中国人民大学冯俊副校长的关心和鼓励；著名对外汉语教材编写专家、我院兼职教授鲁健骥、刘珣两位先生热情为教材编写人员举办学术演讲并进行编写指导；学院副院长、教材编委会主任李禄兴副教授，编委会副主任幺书君副教授，负责本套教材的日常编写和协调工作，出谋划策、尽心尽力，倾注了极大的热情和心血；编委会其他成员密切配合，尽职尽责；我院教师张卫国教授为教材编写制作软件，给予技术支持；几位校外和海外同行加盟教材编写，通力合作；在历时两年多的时间里，全体编写人员在完成繁重教学任务的同时，把所有的热情和精力都投入到了教材编写、修改和试用工作上，付出了艰辛的劳动；学院资料、行政人员对教材编写给予大力支持和协助；北京语言大学出版社为本套教材提出了许多中肯的意见和建议，在此，我们向以上各位一并表示由衷的敬意和真诚的感谢。

中国人民大学

李泉

对外汉语长期进修教材《发展汉语》共 26 本，基本上可以满足初（含零起点）、中、高各层次听、说、读、写各主干课程的教学需要。其中，中、高级教材也可供汉语言专业本科生教学选用。《发展汉语》系列配套教材中的每册（上册或下册）可供一学期使用，上、下册合起来可供一学年使用。

《发展汉语》使用建议

分册名称	上下分册	适用对象	周课时	备注
初级汉语	上、下	掌握 1000 单词或零起点的进修生	10	
初级汉语口语	上、下	同上	6	
初级汉语听力	上、下	同上	4	教师册/学生册
中级汉语	上、下	掌握 2500 单词或本科一年级的进修生（HSK3~5 级）	6	
中级汉语口语	上、下	同上	6	
中级汉语听力	上、下	同上	4	教师册/学生册
中级汉语阅读	上、下	同上	2	
中级汉语写作	上、下	同上	2	
高级汉语	上、下	掌握 4000 单词或本科二、三年级的进修生（HSK6~8 级）	6	
高级汉语口语	上、下	同上	6	
高级汉语听力	上、下	同上	4	教师册/学生册
高级汉语阅读	上、下	同上	2	
高级汉语写作	上、下	同上	2	

《发展汉语·初级汉语口语》是为母语为非汉语的学习者编写的汉语口语系列初级阶段的教材，教学对象为零起点学生和初学者。全套教材分上、下两册，每册 24 课，共 48 课，可供每周 4~6 学时，每学期 18~20 周的课堂教学使用一个学年。教材每课包括课文、生词、注释、练习几部分。课文形式由会话和简短的叙述性语段组成。本教材可与同级别的《发展汉语·初级汉语》课本配套使用，也可单独使用。因本教材的每一课都设计了一个中心话题，围绕这一中心话题，又从不同角度设计了一些小话题；这些小话题中的对话涉及了一个外国学生在中国学习、生活期间可能遇到或参与的很多场景和活动。所以，本教材除了可供课堂教学使用外，也适合那些准备来中国留学的学生课下自学。

遵循第二语言学习的规律，参照语言教学的实践，本教材编写时的指导原则如下：一是突出初级口语课的课型特点，强调汉语口语的分技能训练，培养学生具有基本的汉语口语交际能力；二是突出入门教材的实用性、趣味性和浅易性特点，力求让学生感到“容易学”、“喜欢学”、“进步快”，以增强学生学习汉语中的快乐感和成就感；三是注重教材内容的规范性，为学习者掌握标准、流利的汉语口语打下基础；四是教材的内容要新颖，富有时代感，并注意语言与文化之间的“相互渗透”，让学生在学习汉语口语的同时，了解其中相应的中国文化背景，了解当代中国的社会情况，从而帮助学生尽快地适应在中国的生活，早日成为“中国通”。

为实现以上原则，本教材编写时的具体做法如下：（1）教材的编写原则是以“情景交际”为中心，以“功能—结构”为纲。A. 教材上、下册选取了 48 个对初学者最为实用、感兴趣的中心话题。每课安排一个中心话题，在这个中心话题下，又以情景为线索展开不同角度、层次的小话题，这些小话题包含了几段不同语境、交际层面的对话；课文信息量大，交际项目、目的明确。B. 练习中引入交际功能项目，并把语言功能和其常用的汉语口语句子结构以提要的形式列于练习的前面，供“教”与“学”的双方参考。此外，练习量充足，且类型多样：这些练习采用多种形式启发学生使用他们在会话和短文中所学到的语言知识。比如，为了提高学生的汉语口语交际能力，每课都有让学生重现某些中心话题中的活动的角色表演练习。教师可让学生分成小组，让其充分参与课堂活动。C. 每课的语法结构隐含在实用的句型、对话和短文之中，由学生自然习得。此外，在每课的课文以后，还提供了相关的中英文对照的语法注释及例句。语法注释特别说明了语言点在汉语口语中的用法以及容易出错的地方，对学生有切实的帮助。（2）课文的编写遵循"语段本位"原则，每课除了对话以外，还包括简短叙述性语段，旨在从初级阶段就培养学生的初步口头成段表达能力。（3）课文中出现的句子力求口语化，尽量突出汉语口语的特点，语言生动、鲜活、自然，有时代感。（4）语音训练贯穿上、下两册的练习，力求为学生在初级阶段打下良好的语音基础，以说出标准、流利的汉语。（5）严格控制教材内容的难度，并注重语言的规范。在编写时，参照了国家汉办制订的《高等学校外国留学生汉语教学大纲》（长期进修），以此为标准。上、下两册生词主要选用《汉语水平词汇和汉字等级大纲》中的甲级词和部分乙级词，上、下册每课生词量约为30~40个；学完上、下两册，可掌握约2 000个常用词汇。（6）教材内容轻松、活泼，以留学生来到中国的第一天到最后学成回国为时间线索展开课文，涉及到了词汇语法等级大纲中最常用的词汇、句型和日常生活、学习等交际活动中最基本的交际项目。（7）为方便初学者使用，上、下册每课课文都注有拼音；此外，教材上册每课的各个情景以及上、下册的生词、注释、练习等处都配有英语译文。（8）本教材上、下册均配有高保真原声音带，可供学习者进行模仿练习。

本教材的上、下册的初稿编写于2001~2002学年，笔者在英国杜伦大学（University of Durham, U.K.）东亚系中文专业任教期间。上册由中国人民大学的陈晨编著和翻译，英国杜伦大学东亚系主任、资深汉学家司马麟先生（Mr. Don Starr）审订了上册全稿。下册由中国人民大学的陈晨以及英国杜伦大学东亚系中文专业讲师朱维瑾女士（Ms. Vicky Chu）编著，其中陈晨承担了下册的课文、练习以及第39课到第48课的生词、注释的编写任务以及相关部分的英文翻译；朱维瑾女士（Ms. Vicky Chu）承担了下册第25课到第38课的生词、注释的编写任务以及相关部分的英文翻译。下册全书最后由陈晨统稿和修订。

本教材在筹备及编写过程中，得到了中国人民大学对外语言文化学院李泉教授、李禄兴副教授等学院领导以及许多同事的热情指导和帮助，本教材的部分初稿也曾在我院长期班进行试用，相关任课教师也提出了有益的修改意见。编者在这里谨向他们表示衷心的感谢。

最后，欢迎使用本教材的老师和同学们多提宝贵意见，以利于这套教材今后进一步的修订和完善。

陈晨　执笔

CONTENTS 目录

第一课
LESSON ONE

相识

Getting Acquainted

对话
Dialogues

情景1：在校园，中国学生王刚和英国留学生保罗见面了。
Scene 1: On the campus, the Chinese student Wang Gang meets the British student Paul.

王刚：你好！我姓王，叫王刚。你叫什么名字？
Nǐ hǎo! Wǒ xìng Wáng, jiào Wáng Gāng. Nǐ jiào shénme míngzi?

保罗：我叫保罗·罗伯特。你好，王刚。
Wǒ jiào Bǎoluó Luóbótè. Nǐ hǎo, Wáng Gāng.

王刚：你好，保罗！
Nǐ hǎo, Bǎoluó!

情景2：在留学生办公室。
Scene 2: In the Foreign Students' Office.

保罗：您好，老师！我叫保罗，是英国留学生。
Nín hǎo, lǎoshī! Wǒ jiào Bǎoluó, shì Yīngguó liúxuéshēng.

刘老师：你好，保罗！欢迎你来中国人民大学学习。
Nǐ hǎo, Bǎoluó! Huānyíng nǐ lái Zhōngguó Rénmín Dàxué xuéxí.

保　罗：老师，您贵　姓？
Lǎoshī, nín guì xìng?

刘老师：免　贵，姓　刘。
Miǎn guì, xìng Liú.

（保罗走后，一位老师问刘老师。After Paul leaves, a teacher asks Mr Liu.）

老　师：他是　谁？
Tā shì shuí?

刘老师：他是　英国　留学生　保罗。
Tā shì Yīngguó liúxuéshēng Bǎoluó.

情景 3：在食堂，保罗又见到了王刚。
Scene 3: In the dining hall, Paul meets Wang Gang again.

王刚：保罗，你　好！
Bǎoluó, nǐ hǎo!

保罗：王　刚，你　好！
Wáng Gāng, nǐ hǎo!

王刚：他是……
Tā shì……

保罗：他是我的　同学　大卫。
Tā shì wǒ de tóngxué Dàwèi.

王刚：你好，大卫！我叫　王　刚。
Nǐ hǎo, Dàwèi! Wǒ jiào Wáng Gāng.

大卫：你好，　王　刚。
Nǐ hǎo, Wáng Gāng.

王刚：你也是　英国人　吗？
Nǐ yě shì Yīngguórén ma?

大卫：不，我　不是　英国人，我　是　法国人。
Bù, wǒ bú shì Yīngguórén, wǒ shì Fǎguórén.

短文
Texts

(1)

王刚是学生。他是中国人。他姓王，名字叫王刚。

Wáng Gāng shì xuésheng. Tā shì Zhōngguórén. Tā xìng Wáng, míngzi jiào Wáng Gāng.

(2)

保罗·罗伯特也是学生。他不是中国人，他是英国人。他姓罗伯特，名字叫保罗·罗伯特。

Bǎoluó Luóbótè yě shì xuésheng. Tā bú shì Zhōngguórén, tā shì Yīngguórén. Tā xìng Luóbótè, míngzi jiào Bǎoluó Luóbótè.

(3)

大卫也是留学生，他是保罗的同学。

Dàwèi yě shì liúxuéshēng, tā shì Bǎoluó de tóngxué.

生 词
New Words

1. 相识	（动）	xiāngshí	to get aquainted
2. 在	（介）	zài	*indicating where a person or thing is*
3. 校园	（名）	xiàoyuán	campus
4. 学生	（名）	xuésheng	student
5. 和	（介、连）	hé	with; and
6. 留学生	（名）	liúxuéshēng	student studying abroad
7. 见面		jiàn miàn	to meet
8. 了	（助）	le	*a particle*
9. 你	（代）	nǐ	you (singular)
你们	（代）	nǐmen	you (plural)
10. 好	（形）	hǎo	fine; good; well
11. 我	（代）	wǒ	I; me
我们	（代）	wǒmen	we; us
12. 姓	（动、名）	xìng	surname; family name
13. 叫	（动）	jiào	to call; to name
14. 什么	（代）	shénme	what
15. 名字	（名）	míngzi	name
16. 办公室	（名）	bàngōngshì	office
17. 您	（代）	nín	you (singular, polite form)
18. 老师	（名）	lǎoshī	teacher
19. 是	（动）	shì	to be
20. 欢迎	（动）	huānyíng	to welcome
21. 来	（动）	lái	to come

22. 学习	（动）	xuéxí	to study
23. 贵姓		guì xìng	(a form of respect) your surname
24. 免贵		miǎn guì	(*pol.*) my surname is ...
25. 他(她)	（代）	tā	he (she); him (her)
他(她)们	（代）	tāmen	they; them
26. 谁	（代）	shuí	who
27. 食堂	（名）	shítáng	dinning hall
28. 又	（副）	yòu	again
29. 见到		jiàn dào	to meet
30. 的	（助）	de	*a particle*
31. 同学	（名）	tóngxué	classmate
32. 也	（副）	yě	also; too
33. 人	（名）	rén	person
34. 吗	（助）	ma	*a particle* (*denoting a question*)
35. 不	（副）	bù	no; not

专　名 Proper Nouns

1. 中国	Zhōngguó	China
2. 王刚	Wáng Gāng	Wang Gang (*name of a Chinese person*)
3. 英国	Yīngguó	Britain
4. 保罗·罗伯特	Bǎoluó Luóbótè	Paul Robert
5. 刘	Liú	Liu (surname)
6. 中国人民大学	Zhōngguó Rénmín Dàxué	People's University of China
7. 大卫	Dàwèi	David
8. 法国	Fǎguó	France

注释
Notes

1. “你好”

见面时的问候语，第一次见面或平时见面时都可以用。回答也是“你好”。例如：

It's a greeting used by someone who meets others for the first time or comes across an acquaintance. The response is also “你好”, e.g.

A：你好，王刚！

B：你好，大卫。

2. “我姓王，叫王刚。”

中国人的姓名排列顺序是姓在前，名在后。大部分中国人的姓是一个汉字，名是一个或两个汉字，比如“李民”“刘大华”等。

In a Chinese name, the surname always comes before the given name. Most Chinese surnames are composed of one character and the names one or two characters, such as “Li Min” and “Liu Dahua”.

3. “你叫什么名字？”

问对方的姓名，一般不用于问比自己年长或地位高的人。回答时常是连名带姓一起回答。例如：

It is used to ask someone's full name, but not those older than oneself or in a higher position. Usually, both the surname and the first name are given in response, e.g.

A：你叫什么名字？

B：（我叫）王刚。

4. “您好”

见面时的问候语，比“你好”更客气，更有礼貌。一般用于向比自己年长或地位高的人问好；有时向对方表示客气时，也可用。回答可以是“您好”或“你好”。例如：

As a more polite version of “你好Nǐhǎo”,“您好Nínhǎo” is usually used to address the people older or senior than oneself. The response may be “您好” or “你好”, e.g.

A：您好，老师！
B：你好，保罗！

5. “您贵姓？”

问对方的姓，一般用于问比自己年长或地位高的人的姓，有时向对方表示客气时也可用。回答是“免贵，姓……”。例如：

It is used to ask someone's (usually older than yourself or in a higher position) surname, and sometimes it is also used as a polite form. The response is “免贵，姓……”, e.g.

A：老师，您贵姓？
B：免贵，姓刘。

练习 Exercises

一、发音训练 Pronunciation drills

1. 辨音练习 Distinguish the following syllables

(1) ao—an (2) an—ang (3) in—ing (4) en—eng

2. 单音节练习 One-syllable drills

(1) nǐ (2) nín (3) wǒ (4) xìng
(5) jiào (6) shì (7) lái (8) de

3. 双音节练习 Two-syllable drills

(1) nǐmen (2) Wáng Gāng (3) shénme (4) míngzi
(5) xuésheng (6) rénmín (7) dàxué (8) Yīngguó

4. 三声变调练习 Tone changes of the 3rd tone

(1) nǐ+hǎo → ní hǎo (2) kě+yǐ → kéyǐ
(3) yǔ+sǎn → yúsǎn (4) xiǎo+mǎ → xiáo mǎ

二、用正确的声调和语调朗读下面的句子
Read the following sentences with correct tones and intonation

1. 你好！
   您好！
   你们好！

2. 您好，老师！
   您好，师傅！
   您好，先生！

3. 你好，王刚！
   你好，保罗！

4. 保罗、大卫，你们好！
   同学们，你们好！

5. 你姓什么？
   你叫什么名字？
   他姓什么？
   他叫什么名字？

6. 我姓王。
   我叫王刚。
   他姓罗伯特。
   他叫保罗·罗伯特。

7. 您贵姓？
   您是……

8. 免贵，姓刘。
   我是留学生办公室的老师。

9. 他是……
   他是谁？

10. 他是法国留学生大卫。
    他是我的同学大卫。

三、选出合适的应答句 Choose the suitable responses

1. 你好！
   A. 你好吗？ B. 好！ C. 我好！ D. 你好！

2. 你叫什么名字？
   A. 田中。 B. 叫田中。 C. 姓田中。 D. 田中幸子。

3. 您贵姓？
   A. 贵姓王。 B. 王。 C. 王刚。 D. 免贵，姓王。

4. 他是谁？
   A. 他是…… B. 他是同学。 C. 他是王。 D. 他是王刚。

四、组词成句 Arrange the given words into sentences

1. 好　你　！

2. 张　我　姓　张丽　叫　。

3. 刘文　我　叫　。

4. 是　谁　他们　？

5. 幸子　的　我　同学　是　。

五、交际训练 Communication drills

功能项目 1：问好 Greeting people

范　句 Examples:

(1) 你好，王刚！

(2) 您好，刘老师！

练习 Exercise

请向下面的人问好 Greet the following people

1. 张丽(你的朋友)
2. 田中幸子(你的同学)
3. 王先生(你的大学老师)
4. 李师傅(留学生食堂的一位老师傅)

功能项目 2：询问对方或别人的情况 Asking about others

范 句 Examples:

问姓什么，叫什么
Asking one's surname, first name or full name

(1) 你姓什么？
(2) 你叫什么名字？
(3) 您贵姓？
(4) 您叫什么名字？

问是谁
Asking who he is

(1) 他是谁？
(2) 他是……

功能项目 3：简单介绍自己或他人——回答询问

Simple introduction of oneself or others—answering the questions

范 句 Examples:

告诉姓什么，叫什么
Telling sb. one's surname and first name

(1) 我姓王，叫王刚。
(2) 我叫王刚。
(3) 我姓罗伯特，叫保罗·罗伯特。
(4) 我叫保罗。

告诉是谁
Telling sb. one's identity

(1) 我是英国留学生。
(2) 他是留学生办公室的老师。
(3) 他是我的同学大卫。

短 文 Text:

1. 王刚是学生，他是中国人。他姓王，名字叫王刚。
2. 保罗·罗伯特是留学生。他不是中国人，他是英国人，他姓罗伯特，名字叫保罗·罗伯特。
3. 大卫也是留学生，他是保罗的同学。

练习 Exercises

1. 请你和你的同学根据下面说话人的身份，参照范句作对话练习

Make dialogues according to the given statuses of people based on the example

例 **Example: 服务员小姐和大卫、保罗**

大　卫：您好，服务员小姐！我叫大卫，法国人。
服务员：你好，大卫。
大　卫：请问您贵姓？
服务员：免贵，姓王。
服务员：他是……
大　卫：他是我的同学保罗。
服务员：你好。
保　罗：您好。

(1) 刘老师、王刚和保罗

(2) 李师傅、保罗和幸子

(3) 王刚、大卫和幸子

2. 请参照短文中的句型，向全班同学介绍你自己

Introduce yourself to your classmates based on the example patterns

例 **Example:**

(1) 你们好！我叫……，……国人。你们可以叫我……
(2) 你们好！我是……国人，叫……。你们可以叫我……

补充词语 Supplementary Vocabulary

1. 师傅	（名）	shīfu	polite title for one with accomplished skill, usu. in a trade or handicraft
2. 先生	（名）	xiānsheng	Mr.; gentleman
3. 田中幸子	（专名）	Tiánzhōng Xìngzǐ	Tanaka Sachiko (*name of a Japanese woman*)
4. 刘文	（专名）	Liú Wén	Liu Wen (*name of a Chinese person*)
5. 张丽	（专名）	Zhāng Lì	Zhang Li (*name of a Chinese woman*)
6. 朋友	（名）	péngyou	friend
7. 老	（形）	lǎo	old
8. 服务员	（名）	fúwùyuán	attendant
9. 小姐	（名）	xiǎojie	miss
10. 请问		qǐngwèn	(*pol.*) excuse me; please
11. 可以	（助动）	kěyǐ	can; may
12. 日本	（专名）	Rìběn	Japan
13. 韩国	（专名）	Hánguó	Korea

第 二 课
LESSON TWO

介绍他人和自我介绍

Introducing Oneself and Others

对 话
Dialogues

情景 1：在校园，刘老师和保罗、田中幸子见面了。
Scene 1: On the campus, Mr Liu meets Paul and Tanaka Sachiko.

刘老师：你 好， 保罗。
Nǐ hǎo, Bǎoluó.

保　罗：我 来 介绍 一下， 这 是 我 的 同学 田中 幸子。这 是 留学生 办公室 的 刘 老师。
Wǒ lái jièshào yíxià, zhè shì wǒ de tóngxué Tiánzhōng Xìngzǐ. Zhè shì liúxuéshēng bàngōngshì de Liú lǎoshī.

田　中：您 好， 刘 老师， 认识 您 很 高兴。
Nín hǎo, Liú lǎoshī, rènshi nín hěn gāoxìng.

刘老师：你 好， 田中 幸子 小姐， 认识 你， 我 也 很 高兴。
Nǐ hǎo, Tiánzhōng Xìngzǐ xiǎojie, rènshi nǐ, wǒ yě hěn gāoxìng.

情景 2：在教室，保罗和他的同学们第一次上课。
Scene 2: In the classroom, Paul and his classmates have classes for the first time.

张老师：同学们，你们好！我来介绍一下自己。
Tóngxuémen, nǐmen hǎo! Wǒ lái jièshào yíxià zìjǐ.
我叫张明，你们可以叫我张老师。
Wǒ jiào Zhāng Míng, nǐmen kěyǐ jiào wǒ Zhāng lǎoshī.

同　学：您好，张老师。
Nín hǎo, Zhāng lǎoshī.

张老师：我们先来认识一下，请你们介绍一下自己。
Wǒmen xiān lái rènshi yíxià, qǐng nǐmen jièshào yíxià zìjǐ.

金文正：我先说，我叫金文正，是韩国人。
Wǒ xiān shuō, wǒ jiào Jīn Wénzhèng, shì Hánguórén.

田　中：我姓田中，叫田中幸子，日本人。
Wǒ xìng Tiánzhōng, jiào Tiánzhōng Xìngzǐ, Rìběnrén.

保　罗：我叫保罗，我的姓是罗伯特，英国人。
Wǒ jiào Bǎoluó, wǒ de xìng shì Luóbótè, Yīngguórén.

明　珠：我姓黄，叫黄明珠，泰国人。……
Wǒ xìng Huáng, jiào Huáng Míngzhū, Tàiguórén. ……

张老师：好，文正、幸子、保罗、明珠……，我希望你们以后可以互相学习，互相帮助，做好朋友。
Hǎo, Wénzhèng、Xìngzǐ、Bǎoluó、Míngzhū……, wǒ xīwàng nǐmen yǐhòu kěyǐ hùxiāng xuéxí, hùxiāng bāngzhù, zuò hǎo péngyou.

同　学：好！
Hǎo!

情景 3：在路上，田中幸子和黄明珠见到了一位中国学生。
Scene 3: In the street, Tanaka Sachiko and Hwang Myeong Ju meet a Chinese student.

王刚：小姐，您好！请问，您是哪国人？
Xiǎojie, nín hǎo! Qǐngwèn, nín shì nǎ guó rén?

田中：您好，我是日本人，我叫田中幸子，您呢？
Nín hǎo, wǒ shì Rìběnrén, wǒ jiào Tiánzhōng Xìngzǐ, nín ne?

王刚：我是中国人，我叫王刚，我是人民大学的学生。请问，你们两位都是日本人吗？
Wǒ shì Zhōngguórén, wǒ jiào Wáng Gāng, wǒ shì Rénmín Dàxué de xuésheng. Qǐngwèn, nǐmen liǎng wèi dōu shì Rìběnrén ma?

明珠：不，我不是日本人，我是泰国人，我叫黄明珠。
Bù, wǒ bú shì Rìběnrén, wǒ shì Tàiguórén, wǒ jiào Huáng Míngzhū.

王刚：认识你们很高兴。
Rènshi nǐmen hěn gāoxìng.

田中、明珠：认识您，我们也很高兴。
Rènshi nín, wǒmen yě hěn gāoxìng.

短文
Text

今天，保罗第一次在人民大学上课。他认识了很多新同学，有韩国人、日本人和泰国人……还有他的中国老师——张明。保罗也向同学们介绍了自己。

Jīntiān, Bǎoluó dì yī cì zài Rénmín Dàxué shàng kè. Tā rènshile hěn duō xīn tóngxué, yǒu Hánguórén、Rìběnrén hé Tàiguórén…… Hái yǒu tā de Zhōngguó lǎoshī —— Zhāng Míng. Bǎoluó yě xiàng tóngxuémen jièshàole zìjǐ.

生词
New Words

1. 介绍	（动）	jièshào	to introduce
2. 他人	（代）	tārén	other people
3. 自我	（代）	zìwǒ	self
4. 一下		yíxià	*used after a verb to indicate a brief action*
5. 这	（代）	zhè	this
6. 认识	（动）	rènshi	to know; to be aquainted with
7. 很	（副）	hěn	very
8. 高兴	（形）	gāoxìng	happy
9. 教室	（名）	jiàoshì	classroom
10. 第一次		dì yī cì	the first time

11. 上课		shàng kè	to attend class; to conduct a class
12. 自己	（代）	zìjǐ	oneself
13. 先	（副）	xiān	first
14. 请	（动）	qǐng	please; to invite
15. 说	（动）	shuō	to speak; to say
16. 希望	（动）	xīwàng	to hope; to wish; to expect
17. 以后	（名）	yǐhòu	after; later
18. 互相	（副）	hùxiāng	mutually; each other
19. 帮助	（动）	bāngzhù	to help
20. 做	（动）	zuò	to do
21. 路上		lù shang	on one's way
22. 位	（量）	wèi	(*pol.*) *a measure word for people*
23. 哪	（代）	nǎ	which; what
24. 国	（名）	guó	country; state
25. 呢	（助）	ne	*an auxiliary word used at the end of an interrogative sentence*
26. 两	（数）	liǎng	two
27. 都	（副）	dōu	all; both
28. 今天	（名）	jīntiān	today
29. 多	（形）	duō	a lot of
30. 新	（形）	xīn	new
31. 还有		hái yǒu	and; also
32. 向	（介）	xiàng	towards

专　名　Proper Nouns

1. 黄明珠	Huáng Míngzhū	Hwang Myeong Ju (*a person's name*)
2. 泰国	Tàiguó	Thailand

注释
Notes

1.“认识你，我也很高兴。”

副词“也”修饰动词、形容词或副词，表示类同。单用时，常见句型为：NP+也+V/Adj.；连用时，常见句型为：NP+V/Adj.，(NP)+也+V/Adj.。例如：

The adverb “也” may be used as an adverbial modifier to modify a verb, an adjective or an adverb. It expresses the similarity between two things. When it is used alone, the common sentence structure is NP+也+V/Adj. When it is used in combination with other elements, the common sentence structure is NP+V/Adj., (NP)+也+V/Adj., e.g.

(1) 我也是一名留学生。

(2) 大卫的汉语很好，田中的汉语也很好。

2.“请问，您是哪国人？”

指示代词“哪”用于疑问，要求在同类事物中加以确指。用在“数量[+名]”前。例如：

The interrogative pronoun “哪” (“Which” / “What”) is used before a “measure word [+ noun]” to seek confirmation of an item in a group of similar people or matters, e.g.

(1) 哪个人是王刚？

(2) 哪位老师姓刘？

3.“我是日本人，我叫田中幸子，您呢？”

在一定的语言环境里，在代词、名词或名词性短语等后面直接加上语气助词“呢”，也可以构成省略式疑问句。这种句子所问的内容，要由上下文来决定。例如：

Elliptical questions may be formed by adding the modal particle “呢” to a pronoun, noun or nominal phrase. The meaning of this type of question is mainly determined by the context, e.g.

(1) A：你好吗？
B：我很好，你呢？(你好吗？)

(2) A：你是中国人吗？
B：我是，你呢？(你是中国人吗？)

4. “你们两位都是日本人吗？”

副词“都”表示总括，说明被概括的对象都在所指范围里，没有一个例外。“都”所概括的对象应该是多数的，而且必须放在“都”的前面。常见的句型为：NP+都+V/Adj。例如：

The adverb “都” indicates a scope. It means “all”, “with no exception”. What is modified by “都” must be in the plural form and placed before “都”. The common sentence structure is NP+都+V/Adj., e.g.

(1) 他们都是中国人。

(2) 我们的老师都很好。

练 习 Exercises

一、发音训练 Pronunciation drills

1. 辨音练习 Distinguish the following syllables

(1) ou—uo (2) ia—ai (3) ai—an
(4) ian—iang (5) eng—ong

2. 单音节练习 One-syllable drills

(1) hé (2) liú (3) zhāng (4) hěn
(5) yě (6) lái (7) qǐng (8) xiān
(9) zuò (10) nǎ (11) guó (12) rén
(13) dōu (14) bù (15) le (16) de
(17) zhè (18) shuō (19) xīn

3. 双音节练习 Two-syllable drills

(1) jièshào (2) tārén (3) zìwǒ
(4) rènshi (5) zìjǐ (6) gāoxìng
(7) yíxià (8) Hánguó (9) hùxiāng
(10) xuéxí (11) bāngzhù (12) Tàiguó
(13) yǐhòu (14) shàng kè (15) hěn duō

4. “一”的变调练习 Tone changes of “一”

(1) yī+xià → yíxià　　(2) yī+biān → yìbiān

(3) yī+huí → yì huí　　(4) yī+wǎn → yì wǎn

二、用正确的声调和语调朗读下面的句子 Read the following sentences with correct tones and intonation

1. 我来介绍一下。
   我来介绍一下自己。

2. 这是我的同学田中幸子。
   这是留学生办公室的刘老师。

3. 我们先来认识一下。
   请你们介绍一下自己。

4. 请问，你是哪国人？
   请问，你们两位都是日本人吗？

5. 认识你们很高兴。
   认识您，我们也很高兴。

6. 不，我不是日本人，我是泰国人。
   不，他不是学生，是老师。

三、选出合适的应答句 Choose the suitable responses

1. 你们好，我叫张明，是你们的老师。
   A. 您好，老师张。　　B. 你好，老师张。
   C. 您好，张老师。　　D. 你好，张老师。

2. 王老师，认识您很高兴。
   A. 保罗，认识你，也我很高兴。
   B. 保罗，认识你，我也很高兴。
   C. 保罗，认识你，很高兴我也。
   D. 保罗，认识你，我很高兴。

3. 我希望你们以后互相学习，互相帮助，做好朋友。
   A. 对。　B. 好。　C. 是。　D. 希望。

4. 请问，你们两位都是日本人吗？
   A. 不，我不是日本人，她是日本人。
   B. 不，不我日本人，她日本人。
   C. 不，我不日本人，她日本人。
   D. 不，不我是日本人，她是日本人。

四、组词成句 Arrange the given words into sentences

1. 一下　来　我　介绍　。

2. 是　这　的　同学　我　。

3. 高兴　也　我们　很　。

4. 老师　张　叫　可以　你们　我　。

5. 你　人　国　是　哪　？

五、交际训练 Communication drills

功能项目 1：介绍他人 Introducing others

范　句 Examples:

(1) 我来介绍一下，这是我的同学田中幸子。
(2) 这是留学生办公室的刘老师。

练习 Exercise

请介绍下面的人 Introduce the following people

1. 张丽(你的朋友)
2. 田中幸子(你的同学)
3. 王先生(你的大学老师)
4. 李师傅(留学生食堂的一位老师傅)

功能项目 2：认识以后互相问好　Introductory greetings

范　句　Example:

A：您好，刘老师，认识您很高兴。

B：你好，田中幸子小姐，认识你，我也很高兴。

练习　Exercise

下面的人认识以后，互相问好

Give introductory greetings to the following people

1. 王刚和保罗
2. 李师傅和张小姐

功能项目 3：自我介绍　Introducing oneself

范　句　Example:

我来介绍一下自己。我叫张明，你们可以叫我张老师。

练习　Exercise

下面的人做自我介绍　Give the self-introdution of the following people

1. 张丽(中国人，一个大学生)
2. 大卫(法国人，一个留学生)

功能项目 4：询问国籍和回答
Enquiring about one's nationality and responding to the question

范 句 Example:

A：请问，您是哪国人？

B：我是日本人。

练习 Exercise

下面的人互相问国籍

Make dialogues to enquire about the nationalities of the following people

1. 张丽(中国人)问大卫(法国人)的国籍，大卫回答。
2. 保罗(英国人)问刘文(中国人)的国籍，刘文回答。

六、课堂表演 Presentations

1. 请你介绍你的两位同学认识，并互相问好。
   Introduce two of your classmates and ask them to greet each other.
2. 请你和你的同学自我介绍一下，并互相问好。
   You and your classmate introduce yourselves and greet each other.
3. 请你问一下你的同学的国籍，并请他/她回答。
   Ask one of your classmates' nationality and ask him/her to answer the question.

七、语段表达 Narration

请你说一段话，介绍一下情景 3 中田中幸子、黄明珠和王刚见面的情况。

Please introduce the meeting of Tanaka Sachiko, Hwang Myeong Ju and Wang Gang.

第三课
LESSON THREE

问路、找路

Asking the Way

对话
Dialogues

情景 1：金文正要去中国银行，可是他不知道银行在哪儿。这时，他看见了一个中国人。

Scene 1: Kim Mun Jeong wants to go to the Bank of China, but he does not know where it is. At this moment he sees a Chinese person.

金文正：您 好！
Nín hǎo!

中国人：您 好！
Nín hǎo!

金文正：请问， 银行 在 哪儿？
Qǐngwèn, yínháng zài nǎr?

中国人：你 要 去 哪个 银行？
Nǐ yào qù nǎge yínháng?

金文正：我 想 去 中国 银行，我 要 换 钱。
Wǒ xiǎng qù Zhōngguó Yínháng, wǒ yào huàn qián.

中国人：从 这 条 路 一直 往 前 走，到 十字 路口，
Cóng zhè tiáo lù yìzhí wǎng qián zǒu, dào shízì lùkǒu,
往 左 拐，有 一 个 邮局，邮局 的 旁边 就 是
wǎng zuǒ guǎi, yǒu yí ge yóujú, yóujú de pángbiān jiù shì

中国　　银行。
Zhōngguó Yínháng.

金文正：谢谢　您。
Xièxie nín.

中国人：不　客气。
Bú　kèqi.

情景 2：保罗和大卫在看地图，他们要找去动物园的路。
Scene 2: Paul and David are looking at a map; they are looking for the way to the zoo.

大卫：（指　地图）保罗，　我们　可以　从　这　条　路　去
（Zhǐ dìtú）Bǎoluó,　wǒmen　kěyǐ　cóng　zhè　tiáo　lù　qù
动物园　吗？
dòngwùyuán ma?

保罗：这　是　哪　条　路？
Zhè shì nǎ tiáo lù?

大卫：好像　叫　北三环。
Hǎoxiàng jiào Běisānhuán.

保罗：（看　地图）看　起来，这　条　路　不　太　对，太　远　了。
（Kàn dìtú）Kàn qǐlai,　zhè tiáo lù　bú tài duì, tài yuǎn　le.

大卫：（看　地图）白颐　路　呢？
（Kàn dìtú）Báiyí Lù ne?

保罗：白颐　路　在　哪儿？
Báiyí Lù zài　nǎr?

大卫：（指　地图）在　这儿，　我们　的　大学　就　在　白颐　路　的
（Zhǐ　dìtú）Zài　zhèr,　wǒmen de dàxué jiù zài Báiyí Lù　de
旁边。
pángbiān.

保罗：对，这　条　路　可以　去　动物园。
Duì, zhè tiáo lù　kěyǐ　qù dòngwùyuán.

情景 3：大卫和黄明珠在一家商场里，他们想找洗手间。

Scene 3: David and Hwang Myeong Ju are in a large department store. They are looking for a toilet.

明　珠：小姐，　请问　洗手间　怎么　走？
Xiǎojie, qǐngwèn xǐshǒujiān zěnme zǒu?

售货员：从　这儿　往　前　走，到 电梯 那儿，往　右　拐，
Cóng zhèr wǎng qián zǒu, dào diàntī nàr, wǎng yòu guǎi,
就 是　洗手间。
jiù shì xǐshǒujiān.

大　卫：请问，　男士 的 洗手间 也 在 这 一 层　吗？
Qǐngwèn, nánshì de xǐshǒujiān yě zài zhè yì céng ma?

售货员：不，男士　洗手间　在 楼　上　电梯 的　旁边。
Bù, nánshì xǐshǒujiān zài lóu shàng diàntī de pángbiān.

明　珠
大　卫：谢谢。
Xièxie.

售货员：不用　谢。
Búyòng xiè.

短文 Text

金　文正　想 去 中国　银行 换　钱，可是
Jīn Wénzhèng xiǎng qù Zhōngguó Yínháng huàn qián, kěshì
他 不 知道　银行 在 哪儿。他　向　一 个　中国人
tā bù zhīdào yínháng zài nǎr. Tā xiàng yí ge Zhōngguórén
问　路，这个　中国人　告诉 他，　中国　银行 在
wèn lù, zhège Zhōngguórén gàosu tā, Zhōngguó Yínháng zài
十字 路口 左边，邮局 的　旁边。
shízì lùkǒu zuǒbian, yóujú de pángbiān.

生词 New Words

1. 问	（动）	wèn	to ask
2. 路	（名）	lù	road; path; way
3. 找(路)	（动）	zhǎo(lù)	to look for (the way)
4. 要	（助动）	yào	to want; to desire
5. 去	（动）	qù	to go
6. 银行	（名）	yínháng	bank
7. 可是	（连）	kěshì	but; however
8. 知道	（动）	zhīdào	to know
9. 在	（动）	zài	*indicating where a person or thing is*
10. 哪儿	（代）	nǎr	where
11. 这时		zhè shí	at this time/moment
12. 看见		kàn jiàn	to see
13. 一	（数）	yī	one
14. 个	（量）	gè	*a measure word*
15. 想	（动）	xiǎng	to think; to want; to intend
16. 换钱		huàn qián	to exchange money
17. 从	（介）	cóng	from
18. 条	（量）	tiáo	*measure word*
19. 一直	（副）	yìzhí	straight
20. 往	（介）	wǎng	in the direction of; toward
21. 前	（名）	qián	forward; ahead

22. 走	（动）	zǒu	to walk
23. 到	（动）	dào	to arrive, to reach
24. 十字路口		shízì lùkǒu	crossroads
25. 左	（名）	zuǒ	left; the left side
26. 拐	（动）	guǎi	to turn
27. 有	（动）	yǒu	there is; to exist
28. 邮局	（名）	yóujú	post office
29. 旁边	（名）	pángbiān	side
30. 就	（副）	jiù	exactly; precisely
31. 谢谢	（动）	xièxie	to thank (you)
32. 客气	（形）	kèqi	polite; courteous
33. 看	（动）	kàn	to look
34. 地图	（名）	dìtú	map
35. 动物园	（名）	dòngwùyuán	zoo
36. 指	（动）	zhǐ	to point
37. 好像	（动）	hǎoxiàng	to seem; to be like
38. 看起来		kàn qǐlai	it seems; it looks as if
39. 太	（副）	tài	very; quite; too
40. 对	（形）	duì	correct; right
41. 远	（形）	yuǎn	far; distant
42. 这儿	（代）	zhèr	here
43. 家	（量）	jiā	*a measure word for families or enterprises*
44. 商场	（名）	shāngchǎng	large department store
45. 里	（名）	lǐ	in; inside
46. 洗手间	（名）	xǐshǒujiān	toilet

47. 售货员	（名）	shòuhuòyuán	shop assistant; salesclerk
48. 怎么	（代）	zěnme	how
49. 电梯	（名）	diàntī	lift; elevator
50. 右	（名）	yòu	right
51. 男士	（名）	nánshì	gentleman
52. 层	（量）	céng	storey; tier
53. 楼上		lóu shàng	upstairs
54. 不用	（动）	búyòng	need not
55. 告诉	（动）	gàosu	to tell

专 名 Proper Nouns

1. 中国银行	Zhōngguó Yínháng	Bank of China
2. 北三环	Běisānhuán	the north section of the Third Ring Road
3. 白颐路	Báiyí Lù	Baiyi Road

注 释 Notes

1. “银行在哪儿？”

“哪儿”是代词，询问处所。“哪儿”在句中作宾语，可以直接用在动词后。例如：

“哪儿” (“where”) is a pronoun used to ask about a location. When used as the object it can be placed directly after a verb, e.g.

(1) 他去哪儿？

(2) 你住哪儿？

2.“邮局的旁边就是中国银行。”

副词“就”+“是”放在句中,可以用来加强肯定。例如:

The structure of the adverb “就” plus “是” is used to stress the affimation, e.g.

(1) 他就是王刚。

(2) 这就是我的大学。

3.“小姐,请问洗手间怎么走?”

疑问代词“怎么”+动词,用来询问方式。例如:

The structure of the interrogative proun “怎么” (“how”) plus a verb is used to ask about the method or means of doing sth., e.g.

(1) 你怎么去?坐车还是走路?

(2) 她的名字怎么读?

练习 Exercises

一、发音训练 Pronunciation drills

1. 辨音练习 Distinguish the following syllables

(1) ai—ao (2) ian—uan (3) ei—ie (4) iao—ian

2. 单音节练习 One-syllable drills

(1) zài	(2) yào	(3) qù	(4) nǎ
(5) xiǎng	(6) cóng	(7) zhè	(8) tiáo
(9) lù	(10) wǎng	(11) qián	(12) zǒu
(13) dào	(14) zuǒ	(15) guǎi	(16) yǒu
(17) jiù	(18) shì	(19) tài	(20) duì
(21) yuǎn			

3. 双音节练习 Two-syllable drills

(1) yínháng (2) nǎr (3) huàn qián (4) yìzhí
(5) yóujú (6) pángbiān (7) hǎoxiàng (8) nánshì
(9) lóu shàng (10) diàntī

4. “不”的变调练习 Tone changes of “不”

bù shuō	bù gāoxìng	bù tīng	bù fāngbiàn
bù lái	bù xíng	bù nán	bù tíng
bù zǒu	bù wǎn	bù xiǎng	bù dǒng
bú qù	bú yòng	bú huì	bú lèyì

二、用正确的声调和语调朗读下面的句子
Read the following sentences with correct tones and intonation

1. 请问，银行在哪儿？
请问，动物园在哪儿？
请问，洗手间在哪儿？

2. 你要去哪个银行？
你要找哪条路？
你要上哪家商场？

3. 从这条路一直往前走，到十字路口，往左拐，有一个邮局，邮局的旁边就是中国银行。
从这儿往前走，到电梯那儿，往右拐，就是洗手间。

4. 我们的大学就在白颐路的旁边。
男士洗手间在楼上电梯的旁边。

三、说出合适的应答句 Give the suitable responses

1. 问：请问，银行在哪儿？
   答：
2. 问：请问，洗手间怎么走？
   答：
3. 问：请问，你要去哪个银行？
   答：
4. 问：请问，我们可以从这条路去动物园吗？
   答：

四、组词成句 Arrange the given words into sentences

1. 银行　就　中国　邮局　旁边　是　的　。
2. 是　条　这　哪　路　？
3. 路　太　条　远　这　。
4. 动物园　哪儿　知道　他　不　在　。
5. 个　问　人　他　向　一　路　。

五、交际训练 Communication drills

功能项目 1：问路 Asking the way

范　句 Examples:

(1) 请问，银行在哪儿？
(2) 请问，洗手间怎么走？

练习 Exercise

请用上面的两种方法问路

Use the above two patterns to ask the way to the following places

1. 动物园　　2. 北京大学
3. 邮局　　4. 北三环路

功能项目 2：告诉别人路　Telling others the way to a place

范　句　Examples:

(1) 从这条路一直往前走，到十字路口，往左拐，有一个邮局，邮局的旁边就是中国银行。

(2) 从这儿往前走，到电梯那儿，往右拐，就是洗手间。

练习 Exercise

请根据下面图中的环境，告诉别人路

Tell others the way to the following places based on the following sketch map

1. 去人民大学
2. 去书店
3. 去食堂

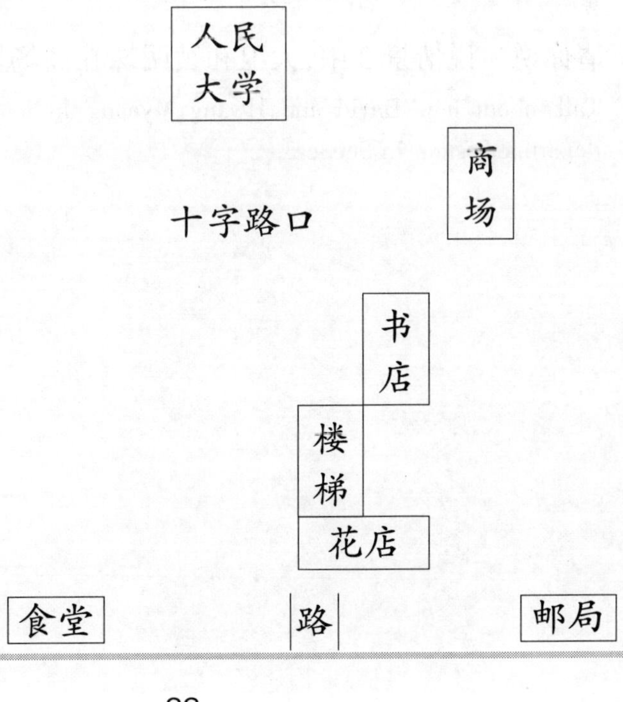

六、课堂表演 Presentations

请你和你的同学根据下列提示作对话

Make dialogues with your partner according to the following instructions

1. 你现在在留学生楼，要去大学里的商店。请你的同学告诉你怎么走。

   Now you are in the Foreign Students' Building and you want to go to the shop in your university. Ask your classmates to tell you how to get there.

2. 你现在在教室，要去大学的东门，请你的同学告诉你怎么走。

   Now you are in the classroom and you want to go to the east gate of your university. Ask your classmates to tell you how to get there.

3. 你现在在……，要去……，请你的同学告诉你怎么走。

   Now you are in ... and you want to go to .... Ask your classmates to tell you how to get there.

七、语段表达 Narration

参照短文 On the basis of the text

(1) 请你说一说情景 2 中，保罗和大卫看地图找去动物园的路的情况。

   Talk about how Paul and David look for the way to the zoo in the map in Scene 2.

(2) 请你说一说情景 3 中，大卫和黄明珠在商场里找洗手间的情况。

   Talk about how David and Hwang Myeong Ju look for the toilet in the large department store in Scene 3.

第四课
LESSON FOUR

购物(1) 在商店买东西

Shopping (1): Buying Things in the Shop

对话
Dialogues

情景1：大卫来到中国的第三天要去商店买东西。

Scene 1: On the 3rd day after arriving in China, David wants to go shopping.

售货员：您 好， 先生！
Nín hǎo, xiānsheng!

大 卫：您 好， 售货员 小姐！
Nín hǎo, shòuhuòyuán xiǎojie!

售货员：您 想 买 什么？
Nín xiǎng mǎi shénme?

大 卫：我 想 买 洗发水、 香皂， 还 有 一些 文具。
Wǒ xiǎng mǎi xǐfàshuǐ、xiāngzào, hái yǒu yìxiē wénjù.

售货员：对 不 起，这个 柜台 只 卖 洗浴 用品， 那个 柜台 卖 文具。
Duì bu qǐ, zhège guìtái zhǐ mài xǐyù yòngpǐn, nàge guìtái mài wénjù.

大 卫：好，我 买 一 瓶 洗发水 和 一 块 香皂。
Hǎo, wǒ mǎi yì píng xǐfàshuǐ hé yí kuài xiāngzào.

售货员：您 看 这个 牌子 的 洗发水 和 香皂 可以 吗？
Nín kàn zhège páizi de xǐfàshuǐ hé xiāngzào kěyǐ ma?

大　卫：可以。一共　多少　钱？
Kěyǐ. Yígòng duōshao qián?

售货员：洗发水 是 二十三 块 六 毛，香皂 是 四 块 三 毛，一共 是 二十七 块 九 毛。
Xǐfàshuǐ shì èrshísān kuài liù máo, xiāngzào shì sì kuài sān máo, yígòng shì èrshíqī kuài jiǔ máo.

大　卫：给 您 三十 块。
Gěi nín sānshí kuài.

售货员：找 您 两 块 一 毛。谢谢 您，再见。
Zhǎo nín liǎng kuài yī máo. Xièxie nín, zàijiàn.

大　卫：再见。
Zàijiàn.

情景 2：大卫在文具柜台
Scene 2: David at the stationery counter

大　卫：您 好！ 请问 这儿 卖 文具 吗？
Nín hǎo! Qǐngwèn zhèr mài wénjù ma?

售货员：对。 先生，您 要 买 什么 文具？
Duì. Xiānsheng, nín yào mǎi shénme wénjù?

大　卫：我 想 买 一 支 钢笔、两 支 铅笔 和 四 个 本子。
Wǒ xiǎng mǎi yì zhī gāngbǐ、liǎng zhī qiānbǐ hé sì ge běnzi.

售货员：我们 这儿 有 很 多 种 钢笔、铅笔 和 本子，您 要 买 什么 样儿 的？
Wǒmen zhèr yǒu hěn duō zhǒng gāngbǐ、qiānbǐ hé běnzi, nín yào mǎi shénme yàngr de?

大　卫：（用 手 指） 钢笔…… 要 这 种；铅笔……，
(Yòng shǒu zhǐ) Gāngbǐ…… yào zhè zhǒng; qiānbǐ……,

这种；本子……，要这样的。
zhè zhǒng; běnzi……, yào zhèyàng de.

售货员：（用手指）是这种本子吗？
(Yòng shǒu zhǐ) Shì zhè zhǒng běnzi ma?

大　卫：（用手指）不，是旁边儿的那种。
(Yòng shǒu zhǐ) Bù, shì pángbiānr de nà zhǒng.

售货员：给您。
Gěi nín.

大　卫：一共多少钱？
Yígòng duōshao qián?

售货员：二十四块零五分。
Èrshísì kuài líng wǔ fēn.

大　卫：给您二十五块。
Gěi nín èrshíwǔ kuài.

售货员：您有五分零钱吗？
Nín yǒu wǔ fēn língqián ma?

大　卫：我找一找……（在钱包里找零钱）有五分，给您。
Wǒ zhǎo yi zhǎo …… (Zài qiánbāo li zhǎo língqián) Yǒu wǔ fēn, gěi nín.

售货员：谢谢，这是找您的一块钱，请拿好。
Xièxie, zhè shì zhǎo nín de yí kuài qián, qǐng náhǎo.

大　卫：谢谢，再见。
Xièxie, zàijiàn.

售货员：再见。
Zàijiàn.

短文 Text

大卫 今天 去 一家 商店 买 东西，他 想 买 洗发水、香皂 和 文具。售货员 告诉 他，洗发水、香皂 和 文具 在 不 同 的 柜台 卖……

Dàwèi jīntiān qù yì jiā shāngdiàn mǎi dōngxi, tā xiǎng mǎi xǐfàshuǐ、xiāngzào hé wénjù. Shòuhuòyuán gàosu tā, xǐfàshuǐ、xiāngzào hé wénjù zài bù tóng de guìtái mài……

生词 New Words

1. 购物		gòu wù	to go shopping
2. 商店	（名）	shāngdiàn	shop; store
3. 买	（动）	mǎi	to buy; to purchase
4. 东西	（名）	dōngxi	thing
5. 洗发水	（名）	xǐfàshuǐ	shampoo
6. 香皂	（名）	xiāngzào	toilet soap
7. 一些	（量）	yìxiē	some; a few
8. 文具	（名）	wénjù	stationery
9. 对不起		duì bu qǐ	I'm sorry; excuse me; pardon me
10. 柜台	（名）	guìtái	counter
11. 只	（副）	zhǐ	only; merely
12. 卖	（动）	mài	to sell
13. 洗浴用品		xǐyù yòngpǐn	bath articles

14. 那	（代）	nà	that
15. 瓶	（量）	píng	bottle; jar; vase
16. 块	（量）	kuài	piece; lump
17. 牌子	（名）	páizi	brand; trademark
18. 一共	（副）	yígòng	altogether; in all; all told
19. 多少	（代）	duōshao	how many; how much
20. 钱	（名）	qián	money
21. 毛	（量）	máo	*mao* (one–tenth of a *yuan*)
22. 给	（动）	gěi	to give
23. 找(钱)	（动）	zhǎo(qián)	to give change
24. 再见	（动）	zàijiàn	goodbye
25. 支	（量）	zhī	*a measure word for long, thin, inflexible objects*
26. 钢笔	（名）	gāngbǐ	pen
27. 铅笔	（名）	qiānbǐ	pencil
28. 本子	（名）	běnzi	notebook
29. 种	（量）	zhǒng	kind; type; sort
30. 样儿	（名）	yàngr	appearance; shape
31. 用	（动）	yòng	to use
32. 要	（动）	yào	to want
33. 零	（数）	líng	zero; nought
34. 分	（量）	fēn	(of money) *fen* (=1/100 of a *yuan*); cent
35. 钱包	（名）	qiánbāo	wallet; purse
36. 拿	（动）	ná	to hold
37. 不同		bù tóng	different

注释
Notes

1.“您想买什么?”

代词“什么”表示疑问，在句中可以作宾语。例如：

The pronoun “什么”（“what”）is an interrogative pronoun which can be used as an object, e.g.

（1）你叫什么？

（2）她找什么？

2.“一共多少钱？”

“多少”是代词，可以用来问数量。例如：

“多少”（“how many” or “how much”）is an interrogative pronoun used to ask about the amount, e.g.

（1）你们班有多少人？

（2）你买多少支笔？

3.“请问这儿卖文具吗？”

“吗”是表示疑问的语气助词。“……吗?”表示说话人不知道，希望得到回答。可以在陈述句末尾加上“吗”，变成“……吗？”的句式。例如：

“吗” is an interrogative modal particle at the end of a statement, which turns it into a question. It indicates a person does not know something and seeks an answer, e.g.

（1）你去学校吗？

（2）她买钢笔吗？

4.“二十三块六毛”“二十四块零五分”

人民币的单位是“元”“角”“分”，口语里常说“块”“毛”“分”。人民币是十进位制的，一块等于十毛，一毛等于十分。最后一位的“块”“毛”“分”可以省去不说，但如果中间有两位以上的零，则最后一位的“块”“毛”“分”必须说出。例如：

Renminbi is a decimalized currency with three basic units: *yuan*, *jiao* and *fen*. In spoken Chinese, they are *kuai*, *mao* and *fen*. In an expression denoting an amount of money, the last unit *kuai*, *mao* or *fen* may be omitted. But if there are two or more zeroes in between, the unit cannot be omitted even if it comes at the end, e.g.

(1) 50.02元: 五十块零二分

(2) 50.20元: 五十块二

5. 百以内的数字表达法 How to express the numbers from 1 to 100

汉语是用十进位法来称数的。

The decimal system is used in the Chinese numeration.

零	一	二	三	四	五	六	七	八	九	十
0	1	2	3	4	5	6	7	8	9	10
	十一	十二	十三	十四	十五	十六	十七	十八	十九	二十
	11	12	13	14	15	16	17	18	19	20

二十一 …………………………………………………… 三十

21 30

三十一 …………………………………………………… 四十

31 40

……………………………………………………………

…………………………………………………… 一百

100

练 习
Exercises

一、发音训练 Pronunciation drills

1. 辨音练习 Distinguish the following syllables

(1) iu—ui (2) un—ong (3) ou—ao
(4) un—ün (5) ong—iong (6) ao—ang

2. 单音节练习 One-syllable drills

(1) bǎi (2) zhī (3) bài (4) nà
(5) píng (6) kuài (7) qián (8) máo
(9) gěi (10) zhǎo (11) zhǒng (12) líng
(13) fēn (14) ná

3. 多音节练习 Polysyllable drills

(1) shāngdiàn (2) shòuhuòyuán (3) xǐfàshuǐ
(4) xiāngzào (5) yìxiē (6) wénjù
(7) duìbuqǐ (8) yígòng (9) duōshǎo
(10) zàijiàn (11) gāngbǐ (12) běnzi

4. 儿化韵练习 Drills in retroflexed finals

(1) pángbiānr (2) yíhuìr (3) yìdiǎnr
(4) chàdiǎnr (5) liáo tiānr (6) xiǎoháir
(7) lǎotóur (8) méi shìr

二、用正确的声调和语调朗读下面的句子
Read the following sentences with correct tones and intonation

1. 您想买什么？
   您要买什么文具？
2. 我想买洗发水、香皂，还有一些文具。
   我想买一支钢笔、两支铅笔和四个本子。
3. 您看这个牌子的洗发水和香皂可以吗？
4. 我们这儿有很多种钢笔、铅笔和本子，您要买什么样儿的？
5. 洗发水是二十三块六毛，香皂是四块三毛，一共是二十七块九毛。
6. 我买一瓶洗发水和一块香皂。

三、说出合适的应答句 Give the suitable responses

1. 问：请问，这个柜台卖香皂和文具吗？
   答：
2. 问：请问，这儿卖钢笔吗？
   答：
3. 问：您要的是这种钢笔吗？
   答：
4. 问：你买的东西一共多少钱？
   答：
5. 问：您有零钱吗？
   答：

四、组词成句 Arrange the given words into sentences

1. 香皂　个　我　牌子　的　那　买　要　。

2. 一共　分　零　钢笔　铅笔　和　块　二十　六　。

3. 她　旁边　要　的　那种　。

4. 卖　文具　柜台　个　很多　这　。

5. 钱　和　本子　铅笔　这个　那支　多少　一共　？

五、交际训练 Communication drills

功能项目 1：询问对方要买的东西及回答
Enquiring what the other person wants to buy and responding

范　句　Examples:

（1）A：您想买什么？
　　B：我想买洗发水、香皂，还有一些文具。

（2）A：先生，您要买什么文具？
　　B：我想买一支钢笔。

功能项目 2：询问对方的购物意见及回答
Enquiring about purchases and responding

范　句　Example:

A：您看这个牌子的洗发水和香皂可以吗？
B：可以。

功能项目 3：询问对方对东西式样的要求及回答
Enquiring about the customer's requirements and responding

范　句　Example:

A：您要什么样儿的？
B：钢笔……要这种。

练习 Exercises

参照功能项目中的范句，两个同学一组作对话练习
Based on the above example, make dialogues with your partner

1. 一个人去商店里买东西，另一个人是商店的售货员。
   One person goes to a shop to buy something, and the other is a salesclerk in the shop.
2. 一个人和另一个人谈谈他/她新买的东西。
   Please talk about your recent purchase with your partner.

六、语段表达　Narration

1. 教师画图，请复述情景 1 和情景 2 中的内容。
   Retell what happened in Scene 1 and Scene 2 according to the pictures drawn by your teacher.
2. 请谈一谈你在中国的商店里买东西的情况。
   Talk about how you buy something in a Chinese shop.

第五课
LESSON FIVE

家　庭

Family

对话
Dialogues

情景 1：李小芳和大卫两个人聊天。
Scene 1: Li Xiaofang and David are chatting.

大卫：小芳，　你 家 有 几 口 人？
Xiǎofāng, nǐ jiā yǒu jǐ kǒu rén?

小芳：我 家有 五 口 人。
Wǒ jiā yǒu wǔ kǒu rén.

大卫：他们 是 谁？
Tāmen shì shuí?

小芳：爷爷、奶奶、爸爸、妈妈 和 我。
Yéye、nǎinai、bàba、māma hé wǒ.

大卫：他们 都 工作 吗？
Tāmen dōu gōngzuò ma?

小芳：爷爷 和 奶奶 不 工作，他们 年纪 大 了，已经 退休了。我 爸爸 是 公司 经理，妈妈 是 医生。
Yéye hé nǎinai bù gōngzuò, tāmen niánjì dà le, yǐjing tuìxiū le. Wǒ bàba shì gōngsī jīnglǐ, māma shì yīshēng.

大卫：你 没有 哥哥、姐姐 或 弟弟、妹妹？
Nǐ méiyǒu gēge、jiějie huò dìdi、mèimei?

小芳：对，没有。
Duì, méiyǒu.

情景 2：金文正在看一张照片，黄明珠走了过来。

Scene 2: Hwang Myeong Ju comes over when Kim Mun Jeong is looking at a photo.

明　珠：照片上的人都是谁？
Zhàopiàn shang de rén dōu shì shuí?

金文正：你猜一猜。
Nǐ cāi yi cāi.

明　珠：你长得挺像照片上的这个中年男人的。他是你的亲戚吧？
Nǐ zhǎng de tǐng xiàng zhàopiàn shang de zhège zhōngnián nánrén de. Tā shì nǐ de qīnqi ba?

金文正：告诉你吧，这是我舅舅，那是我舅妈。这两个人是我表姐和表姐夫。
Gàosu nǐ ba, zhè shì wǒ jiùjiu, nà shì wǒ jiùmā. Zhè liǎng ge rén shì wǒ biǎojiě hé biǎojiěfu.

短文 Text

李小芳和大卫两个人今天下午在聊天。他们在谈自己的家里有几口人，有几个人工作和做什么工作。
Lǐ Xiǎofāng hé Dàwèi liǎng ge rén jīntiān xiàwǔ zài liáo tiān. Tāmen zài tán zìjǐ de jiā li yǒu jǐ kǒu rén, yǒu jǐ ge rén gōngzuò hé zuò shénme gōngzuò.

生 词
New Words

1. 家庭	(名)	jiātíng	family; household
2. 聊天		liáo tiān	chat
3. 家	(名)	jiā	family; household
4. 几	(数)	jǐ	how many
5. 口	(量)	kǒu	*a measure word*
6. 爷爷	(名)	yéye	(paternal) grandfather; grandpa
7. 奶奶	(名)	nǎinai	(paternal) grandmother; grandma
8. 爸爸	(名)	bàba	father; dad
9. 妈妈	(名)	māma	mother; mum
10. 工作	(动、名)	gōngzuò	to work; job
11. 年纪	(名)	niánjì	age
12. 大	(形)	dà	old; big
13. 已经	(副)	yǐjing	already
14. 退休	(动)	tuìxiū	to retire
15. 公司	(名)	gōngsī	company
16. 经理	(名)	jīnglǐ	manager; director
17. 医生	(名)	yīshēng	doctor
18. 没	(副)	méi	no; not
19. 哥哥	(名)	gēge	elder brother
20. 姐姐	(名)	jiějie	elder sister; sister
21. 或	(连)	huò	or; either ... or ...
22. 弟弟	(名)	dìdi	younger brother
23. 妹妹	(名)	mèimei	younger sister

24. 张	(量)	zhāng	*a measure word*
25. 照片	(名)	zhàopiàn	photograph; picture
26. 上	(名)	shàng	on
27. 猜	(动)	cāi	to guess; to speculate
28. 长	(动)	zhǎng	to grow
29. 挺	(副)	tǐng	very; rather
30. 像	(动)	xiàng	to be like; to resemble
31. 中年	(名)	zhōngnián	middle-aged
32. 男人	(名)	nánrén	man
33. 亲戚	(名)	qīnqi	relative
34. 吧	(助)	ba	*a particle* (*indicating a supposition*)
35. 舅舅	(名)	jiùjiu	uncle (mother's brother)
36. 舅妈	(名)	jiùmā	aunt (wife of mother's brother)
37. 表姐	(名)	biǎojiě	elder cousin (daughter of mother's brother or father's sister)
38. 表姐夫	(名)	biǎojiěfu	husband of elder cousin
39. 下午	(名)	xiàwǔ	afternoon
40. 谈	(动)	tán	to talk

专　名　Proper Noun

李小芳	Lǐ Xiǎofāng	Li Xiaofang (*name of a Chinese woman*)

注释
Notes

1. “爷爷和奶奶不工作。”“你没有哥哥、姐姐或弟弟、妹妹？”

副词“不”用在动词或形容词前面，表示对动作行为或性质状态的否定。例如：

The adverb “不” occurs before a verb or an adjective to negate the action or the quality, e.g.

（1）大卫不上课。

（2）这支笔不好。

副词“没”或“没有”在动词或形容词前面时，表示否定动作或状态的发生或出现。例如：

The adverb “没” or “没有” occurs before a verb or an adjective to deny an action or a state, e.g.

（1）她没上课。

（2）衣服没干。

2. “他是你的亲戚吧？”“告诉你吧，这是我舅舅，那是我舅妈。”

语气助词“吧”在疑问句的末尾时，表示带猜测语气的提问。例如：

When used at the end of an interrogative sentence, the modal particle “吧” indicates a supposition, e.g.

（1）这本书是你的吧？

（2）她是日本人吧？

语气助词“吧” 也可以用在陈述句末尾，表示请求、命令、商量、劝告或同意，使整个句子的语气比较缓和。例如：

“吧” can also be used at the end of a statement to express a request, command, consultation, advice or agreement, softening the tone of the sentence, e.g.

（1）我们一起去吧。

（2）买这种钢笔吧。

（3）好吧，我下午三点来。

练 习
Exercises

一、发音训练 Pronunciation drills

1. 辨音练习 Distinguish the following syllables

(1) shu—shui　(2) nan—nian
(3) hang—hong　(4) bie—bei

2. 单音节练习 One-syllable drills

(1) jiā　(2) jǐ　(3) kǒu　(4) rén　(5) wǔ
(6) shuí　(7) dà　(8) méi　(9) bù

3. 音节练习 Two-syllable drills

(1) jiātíng　(2) gōngzuò　(3) yǐjing
(4) tuìxiū　(5) gōngsī　(6) jīnglǐ
(7) yīshēng　(8) dàgē　(9) mìshū

4. 声调练习 Tone drills

(1) yéye　(2) nǎinai　(3) qúnzi
(4) juéde　(5) jiùjiu　(6) dōngxi
(7) xiānsheng　(8) gēge　(9) xièxie
(10) nǐ de bǐ　(11) míngbai　(12) shuō qīngchu

二、用正确的声调和语调朗读下面的句子
Read the following sentences with correct tones and intonation

1. 你家有几口人？
我家有五口人。

2. 他们是谁？
他们是爷爷、奶奶、爸爸、妈妈和我。

3. 他们都工作吗？
爷爷和奶奶不工作。

4. 你没有弟弟、妹妹？
对，没有。

5. 照片上的人都是谁？
你猜一猜。

三、说出合适的应答句 Give the suitable responses

1. 问：你家有几口人？
   答：
2. 问：他们是谁？
   答：
3. 问：他们都工作吗？
   答：
4. 问：照片上的人是你的亲戚吧？
   答：

四、组词成句 Arrange the given words into sentences

1. 谁　上　人　的　照片　是　都　？
2. 和　爷爷　不　工作　奶奶　都　。
3. 个　这　长　得　像　挺　的　上　人　你　照片　的　。
4. 人　个　表姐　我　表姐夫　两　是　这　和　。

五、交际训练 Communication drills

功能项目 1：问家庭人口和回答
Asking about the number of one's family members and responding

范　句 Example:

A：你家有几口人？
B：我家有五口人。

功能项目 2：问家里人有谁和回答
Asking about one's family members and responding

范 句 Example:

A：他们是谁？
B：爷爷、奶奶、爸爸、妈妈和我。

功能项目 3：问家里人的工作和回答
Asking about the work of one's family members and responding

范 句 Example:

A：他们都工作吗？
B：爷爷和奶奶不工作，他们年纪大了，已经退休了。

练习 Exercises

参照功能项目中的范句，两个同学一组作对话练习
Based on the above examples, make dialogues with your partner

1. 两个同学一组，互相问对方的家庭人口和他们的工作情况。
   Please ask each other about your family members and their jobs.
2. 带一张家里人的合影，请同学问照片上的人是谁，他们都是做什么工作的。你来回答。
   Bring a picture of your family and let your classmates ask whom they are and what jobs they have, then you respond.

六、语段表达 Narration

请复述情景 2 中的内容。
Retell what happened in Scene 2.

第六课
LESSON SIX

谈宿舍情况

Talking about Accommodation

对话
Dialogues

情景1：在留学生楼艾丽第一次见到了她的同屋黄明珠。

Scene 1: Ally meets her roommate Hwang Myeong Ju in the Foreign Students' Building for the first time.

艾丽：你 好！ 请问 708 房间 在 哪儿？
Nǐ hǎo! Qǐngwèn qīlíngbā fángjiān zài nǎr?

明珠：在 走廊 的 东边。你 是……？
Zài zǒuláng de dōngbian. Nǐ shì……?

艾丽：我 叫 艾丽，今天 刚 到 人民 大学，我 的 房间 是 708。
Wǒ jiào Àilì, jīntiān gāng dào Rénmín Dàxué, wǒ de fángjiān shì qīlíngbā.

明珠：欢迎 你，艾丽。我 叫 黄 明珠，我 也 住 708 房间，我们 是 同屋。
Huānyíng nǐ, Àilì. Wǒ jiào Huáng Míngzhū, wǒ yě zhù qīlíngbā fángjiān, wǒmen shì tóngwū.

（在房间里 in the room）

明珠：这 就 是 我们 的 房间。这边 是 你 住 的 地方。
Zhè jiù shì wǒmen de fángjiān. Zhèbian shì nǐ zhù de dìfang.

艾丽：（一边 看，一边 说）一 张 床，一个 书桌，
(Yìbiān kàn, yìbiān shuō) Yì zhāng chuáng, yí ge shūzhuō,
两 把 椅子，一个 衣柜，一个 书架，还 有 一个
liǎng bǎ yǐzi, yí ge yīguì, yí ge shūjià, hái yǒu yí ge
衣帽架，家具 真 不少。
yīmàojià, jiājù zhēn bùshǎo.

明珠：这儿 还 有 一 个 电话，是 我们 两 个 人
Zhèr hái yǒu yí ge diànhuà, shì wǒmen liǎng ge rén
公用 的。
gōngyòng de.

艾丽：你 知道 浴室 和 洗手间 在 哪儿 吗？
Nǐ zhīdào yùshì hé xǐshǒujiān zài nǎr ma?

明珠：七 层 有 一 个 公用 浴室，在 走廊 的 西边。
Qī céng yǒu yí ge gōngyòng yùshì, zài zǒuláng de xībian.
洗手间 就 在 浴室 的 旁边。
Xǐshǒujiān jiù zài yùshì de pángbiān.

艾丽：我们 有 厨房 吗？
Wǒmen yǒu chúfáng ma?

明珠：有，每 一 层 都 有 一 个 公用 厨房。
Yǒu, měi yì céng dōu yǒu yí ge gōngyòng chúfáng.

艾丽：真 方便。
Zhēn fāngbiàn.

情景 2：艾丽到她的同学安娜的房间去玩儿。

Scene 2: Ally goes to her classmate Anna's room to see her.

安娜：你 好！艾丽，欢迎 你 来 我们 的 房间 玩儿。
Nǐ hǎo! Àilì, huānyíng nǐ lái wǒmen de fángjiān wánr.

艾丽：你 好，安娜。
Nǐ hǎo, Ānnà.

安娜：我 来 介绍 一下，这 是 我 的 同屋 田中 幸子。
Wǒ lái jièshào yíxià, zhè shì wǒ de tóngwū Tiánzhōng Xìngzǐ.
这 是 我 的 同学 艾丽。
Zhè shì wǒ de tóngxué Àilì.

艾丽
田中：你 好！
Nǐ hǎo!

艾丽：你们 的 房间 真 漂亮，有 好看 的 地毯，可爱 的 玩具熊，还 有 一 盆 花儿 呢。
Nǐmen de fángjiān zhēn piàoliang, yǒu hǎokàn de dìtǎn, kě'ài de wánjùxióng, hái yǒu yì pén huār ne.

安娜
田中：谢谢。
Xièxie.

安娜：我们 的 宿舍 就 是 我们 的 家 呀！
Wǒmen de sùshè jiù shì wǒmen de jiā ya!

短文 Text

艾丽 在 留学生楼 第 一 次 见到了 她 的 同屋
Àilì zài liúxuéshēnglóu dì yī cì jiàndàole tā de tóngwū
黄 明珠。 黄 明珠 带 艾丽 去了 她们 俩 的
Huáng Míngzhū. Huáng Míngzhū dài Àilì qùle tāmen liǎ de
房间， 也 给 艾丽 介绍了 宿舍 的 情况。
fángjiān, yě gěi Àilì jièshàole sùshè de qíngkuàng.

生词 New Words

1. 宿舍	(名)	sùshè	dormitory
2. 情况	(名)	qíngkuàng	situation; condition; state of affairs
3. 同屋	(名)	tóngwū	roommate
4. 房间	(名)	fángjiān	room
5. 走廊	(名)	zǒuláng	corridor
6. 东边	(名)	dōngbian	east
7. 刚	(副)	gāng	just
8. 住	(动)	zhù	to live; to reside; to stay
9. 地方	(名)	dìfang	place
10. 一边……一边		yìbiān…yìbiān	at the same time; simultaneously (*indicating two simultaneous actions*)
11. 还	(副)	hái	even more; still more

12. 床	(名)	chuáng	bed
13. 书桌	(名)	shūzhuō	desk
14. 把	(量)	bǎ	*a measure word*
15. 椅子	(名)	yǐzi	chair
16. 衣柜	(名)	yīguì	wardrobe
17. 书架	(名)	shūjià	bookshelf; bookcase
18. 衣帽架	(名)	yīmàojià	clothes rack
19. 家具	(名)	jiājù	furniture
20. 真	(副)	zhēn	really; truly; indeed
21. 少	(形)	shǎo	few; little
22. 电话	(名)	diànhuà	telephone
23. 公用	(形)	gōngyòng	for public use; communal
24. 浴室	(名)	yùshì	bathroom
25. 西边	(名)	xībian	west
26. 厨房	(名)	chúfáng	kitchen
27. 每	(代)	měi	every; each
28. 方便	(形)	fāngbiàn	convenient
29. 玩	(动)	wán	to play; to enjoy oneself
30. 漂亮	(形)	piàoliang	pretty; attractive; beautiful
31. 好看	(形)	hǎokàn	good-looking; nice
32. 地毯	(名)	dìtǎn	carpet; rug
33. 可爱	(形)	kě'ài	lovely
34. 玩具熊	(名)	wánjùxióng	toy bear
35. 盆	(量)	pén	*a measure word*
36. 花儿	(名)	huār	flower; blossom; bloom
37. 呀	(助)	ya	*a particle (indicating affirmation)*
38. 带	(动)	dài	to bring
39. 俩	(数)	liǎ	two

专名 Proper Nouns

1. 艾丽	Àilì	Ally
2. 安娜	Ānnà	Anna

注释 Notes

1. "一边看,一边说"

"一边……一边……"是关联词,表示两种以上的动作同时进行。在这一结构中,"一边"的后面只能是动词或动词性的短语。有时,这一结构也可省略"一",即变成"边……边……"。例如:

"一边……一边……" is a connective indicating two or more actions taking place simultaneously. Only verbs or verb phrases can be put after "一边". Sometimes "一" may be omitted when used before verbs, e.g.

(1) 小张一边走,一边听音乐。

(2) 她边唱边跳。

2. "你们的房间真漂亮"

汉语中,副词可以修饰形容词,作状语,常见的句子结构为:NP+Adv.+Adj.。例如:

In Chinese, adverbs can modify adjectives to form adverbial phrases. The common pattern is NP+Adv.+Adj., e.g.

(1) 小王的英语很好。

(2) 她买的文具太多。

练 习
Exercises

一、发音训练 Pronunciation drills

1. 辨音练习 Distinguish the following syllables

(1) bā—pà (2) dǎ—tǎ (3) bǔ—pǔ
(4) bǔ—tǔ (5) fèi—lèi (6) fā—hā
(7) mǎi—nǎi (8) mán—lán

2. 单音节练习 One-syllable drills

(1) zhēn (2) pén (3) gāng
(4) zhāng (5) chuáng (6) měi
(7) wán (8) liǎ (9) zhù
(10) bǎ (11) shǎo

3. 多音节练习 Polysyllable drills

(1) zǒuláng (2) dōngbian (3) fángjiān
(4) chúfáng (5) dìtǎn (6) xībian
(7) fāngbiàn (8) shūzhuō (9) qī céng
(10) wánjùxióng (11) yīmàojià

4. 声调练习 Tone drills

(1) hǎokàn (2) sùshè (3) qíngkuàng
(4) yīguì (5) shūjià (6) yùshì
(7) gōngyòng (8) fāngbiàn

二、用正确的语调读下面的句子 Read the following sentences with correct intonation

1. 请问 708 房间在哪儿？
2. 你是……？
3. 你知道浴室和洗手间在哪儿吗？
4. 我们有厨房吗？

三、替换练习 Substitution drills

1. 708 房间在走廊的东边。
   浴室的旁边。
   洗手间的西边。

2. 这儿有一个公用浴室。
   一个衣帽架。
   一盆花儿。

3. 这是我的同屋田中幸子。
   我们的房间。
   我的同学艾丽。

四、组词成句 Arrange the given words into sentences

1. 在　旁边　就　的　浴室　洗手间　。
2. 一　层　厨房　公用　有　个　每　都　。
3. 漂亮　的　房间　真　你们　。
4. 的　有　房间　地毯　好看　你　的　。
5. 情况　介绍　给　艾丽　她　。

五、交际训练 Communication drills

功能项目 1：说明情况 Explaining a situation

(1) 存现句 Existence

范　句 Examples:

(1) 一张床，一个书桌，两把椅子，一个衣柜。
(2) 这儿有一个电话。
(3) 七层有一个公用浴室。

功能项目 2：赞扬 Praise

范 句 Examples:

(1) 这儿的家具真不少。
(2) 我们的宿舍真方便。
(3) 你们的房间真漂亮。

练习 Exercises

参照功能项目中的范句，两个同学一组作对话练习
Based on the above examples, make dialogues with your partner

1. 互相介绍一下你们的房间里有什么东西。
   Tell each other what you have in your room.
2. 谈一下你们的教室里有什么东西。
   Talk about what you have in your classroom.
3. 谈一下她/他的新书包/新衣服/新……
   Talk about her/his new school bag/new clothes/new ....

六、课堂表演 Presentations

(1) 如果你有一个新同屋，请你向她/他介绍留学生楼的情况。
Please tell your roomate about the Foreign Students' Building.

(2) 如果你到一个朋友的家去玩儿，他/她的家很漂亮，有很多好看的东西。请你和同学参照范句作对话。
You visit one of your friends' home. His/Her home is very nice and there are a lot of beautiful things. Please have a conversation based on the above examples.

七、语段表达 Narration

1. 请你说一说情景 2 中艾丽到安娜的房间去玩儿的情况。
   Talk about what happened in Scene 2.
2. 请你介绍一下你住的房间的情况。
   Introduce how things are arranged in your room.

第七课
LESSON SEVEN

饮食起居

Eating, Drinking and Daily Life

对话
Dialogues

情景1：早上，大卫在留学生食堂吃饭时，遇见了黄明珠。

Scene 1: In the morning, David meets Hwang Myeong Ju in the foreign students' cafeteria.

大卫：早上 好， 明珠。
Zǎoshang hǎo, Míngzhū.

明珠：早上 好， 大卫。
Zǎoshang hǎo, Dàwèi.

大卫：你 早餐 吃 什么？
Nǐ zǎocān chī shénme?

明珠：我 一般 吃 中式 早餐：喝 一 杯 豆浆，再 吃 一 个 煮 鸡蛋；或者 吃 几 个 包子，喝 点儿 粥。你 呢？
Wǒ yìbān chī zhōngshì zǎocān: hē yì bēi dòujiāng, zài chī yí ge zhǔ jīdàn; huòzhě chī jǐ ge bāozi, hē diǎnr zhōu. Nǐ ne?

大卫：我 吃 西式 早餐：喝 牛奶、吃 面包 和 黄油，还 有 煎 鸡蛋，有时，还 喝 点儿 咖啡。
Wǒ chī xīshì zǎocān: hē niúnǎi、chī miànbāo hé huángyóu, hái yǒu jiān jīdàn, yǒushí, hái hē diǎnr kāfēi.

明珠：你 吃过 中式 早餐 吗？
Nǐ chīguo zhōngshì zǎocān ma?

大卫：还 没 吃过。不过，我 以后 打算 尝 一 尝。
Hái méi chīguo. Búguò wǒ yǐhòu dǎsuan cháng yi cháng.

情景 2：下午，保罗在校园里碰到了王刚。

Scene 2: In the afternoon, Paul runs into Wang Gang on the campus.

保罗：你好，王刚！
Nǐ hǎo, Wáng Gāng!

王刚：你好，保罗！
Nǐ hǎo, Bǎoluó!

王刚：最近怎么样？
Zuìjìn zěnmeyàng?

保罗：还可以，只是早上起床有点儿难，我每天早上都很困。
Hái kěyǐ, zhǐshì zǎoshang qǐ chuáng yǒudiǎnr nán, wǒ měi tiān zǎoshang dōu hěn kùn.

王刚：你晚上是不是睡得很晚？
Nǐ wǎnshang shì bu shì shuì de hěn wǎn?

保罗：对，我晚上常常十二点多才睡觉。
Duì, wǒ wǎnshang chángcháng shí'èr diǎn duō cái shuì jiào.

王刚：中国有句俗语说："早睡早起身体好。"你晚上早点儿睡觉，早上就不会困了。
Zhōngguó yǒu jù súyǔ shuō: "Zǎo shuì zǎo qǐ shēntǐ hǎo." Nǐ wǎnshang zǎodiǎnr shuì jiào, zǎoshang jiù bú huì kùn le.

保罗：看来，我以后也应该"入乡随俗"了。
Kànlái, wǒ yǐhòu yě yīnggāi "rù xiāng suí sú" le.

短文 Text

早上，大卫在留学生食堂吃饭时，见到了黄明珠。黄明珠问大卫早餐一般吃什么，大卫说他一般吃西式早餐。黄明珠说她常常吃中式早餐。大卫说他以后也要尝一尝中式早餐。

Zǎoshang, Dàwèi zài liúxuéshēng shítáng chī fàn shí, jiàndàole Huáng Míngzhū. Huáng Míngzhū wèn Dàwèi zǎocān yìbān chī shénme, Dàwèi shuō tā yìbān chī xīshì zǎocān. Huáng Míngzhū shuō tā chángcháng chī zhōngshì zǎocān. Dàwèi shuō tā yǐhòu yě yào cháng yi cháng zhōngshì zǎocān.

生词 New Words

1. 饮食	（名）	yǐnshí	eating and drinking
2. 起居	（名）	qǐjū	daily life
3. 早上	（名）	zǎoshang	morning
4. 吃	（动）	chī	to eat
5. 饭	（名）	fàn	food
6. 早餐	（名）	zǎocān	breakfast
7. 一般	（副）	yìbān	generally
8. 中式	（名）	zhōngshì	Chinese style
9. 喝	（动）	hē	to drink

10. 杯	(量)	bēi	*a measure word* for cups, and glasses
11. 豆浆	(名)	dòujiāng	soya-bean milk
12. 再	(副)	zài	again
13. 煮	(动)	zhǔ	to boil
14. 鸡蛋	(名)	jīdàn	egg
15. 或者	(连)	huòzhě	or
16. 包子	(名)	bāozi	steamed stuffed bun
17. 点儿	(量)	diǎnr	a little
18. 粥	(名)	zhōu	gruel; porridge
19. 西式	(名)	xīshì	Western style
20. 牛奶	(名)	niúnǎi	milk
21. 面包	(名)	miànbāo	bread
22. 黄油	(名)	huángyóu	butter
23. 煎	(动)	jiān	to fry in shallow oil
24. 有时	(副)	yǒushí	sometimes
25. 咖啡	(名)	kāfēi	coffee
26. 过	(助)	guo	*a particle (indicating past experience)*
27. 不过	(连、副)	búguò	however, yet
28. 打算	(动)	dǎsuan	to plan; to intend
29. 尝	(动)	cháng	to have a taste, to try
30. 碰到		pèng dào	to come across
31. 最近	(名)	zuìjìn	recently, lately
32. 怎么样	(代)	zěnmeyàng	how, what about
33. 只是	(连)	zhǐshì	but

34. 起床		qǐ chuáng	to get up
35. 有点儿	(副)	yǒudiǎnr	a bit; slightly
36. 难	(形)	nán	difficult
37. 每天		měi tiān	everyday
38. 困	(形)	kùn	sleepy
39. 晚上	(名)	wǎnshang	evening; night
40. 睡	(动)	shuì	to sleep
41. 得	(助)	de	*a particle*
42. 晚	(形)	wǎn	late
43. 常常	(副)	chángcháng	usually; often
44. 点	(名)	diǎn	o'clock
45. 才	(副)	cái	only; just
46. 睡觉		shuì jiào	to go to bed; to sleep
47. 句	(量)	jù	*a measure word for language*
48. 俗语	(名)	súyǔ	proverb, common saying
49. 身体	(名)	shēntǐ	body; health
50. 会	(助动)	huì	to be likely to; to be sure to
51. 看来		kànlái	it seems that; to look like
52. 应该	(副)	yīnggāi	ought to
53. 入乡随俗		rù xiāng suí sú	While in Rome, do as the Romans do.

注释 Notes

1. "我一般吃中式早餐：喝一杯豆浆，再吃一个煮鸡蛋"

"再+动词"表示动作的重复或增加。例如：

When used before a verb, the adverb "再" indicates that the action will be repeated or more actions will be taken, e.g.

(1) 小王打算明年再来北京。

(2) 包子太好吃了，我再吃一个。

(3) 我下午跑会儿步，再打会儿球。

2. "你吃过中式早餐吗？"

动态助词"过"放在动词后，说明某个动作发生在过去或者表示过去有过的经历。例如：

Used after a verb, the aspect particle "过" indicates past action or experience, e.g.

(1) 她去过北京。

(2) 我学过汉语。

否定形式是在动词前面加"没"。例如：

Negation is achieved by adding "没" before the verb, e.g.

(1) 小李没去过日本。

(2) 保罗没学过汉语。

是非问句是在句尾加"吗"或"没有"。例如：

"吗" or "没有" is put at the end of a yes-no question with "过", e.g.

(1) 你去过韩国吗？

(2) 她吃过中国菜没有？

3. "最近怎么样？"

疑问代词"怎么样"在这儿是用来询问对方最近的状况的。例如：

The interrogative pronoun "怎么样" ("how" or "like what") in this sentence is used to ask about the other person's recent situation, e.g.

(1) 小李的身体怎么样?

(2) 大卫的学习怎么样?

4. “还没吃过。”“还可以”

副词“还”修饰动词或形容词,作状语,表示动作重复、状况持续不变等意思。例如:

The adverb “还” (“still”) acts as an adverbial, modifying a verb or an adjective. It expresses the repetition of an action or the continuation of a state, e.g.

(1) 他明天还去上学。

(2) 小李还没起床。

5. “不过,我以后打算尝一尝。”
“还可以,只是早上起床有点儿难,我每天早上都很困。”

“只是”和“不过”是转折复句中的关联词语,它们表示的转折意思比“但是”要轻,语气也较缓和。由“只是”或“不过”组成的复句,意思着重在前一分句,后一分句只作一些补充或修正。例如:

“只是” and “不过” are two common conjunctions used to link clauses in an adversative compound sentence. The adversative sense of “只是” or “不过” is weaker than that of “但是” and the tone is milder. In a compound sentence with “只是” or “不过”, the first clause is stressed, with the second clause giving some additional information, e.g.

(1) 她今天玩儿得很高兴,只是有点儿累。

(2) 大卫早就想去小王家了,只是一直没空儿。

(3) 这个菜很好吃,不过有点儿贵。

(4) 那家商店东西很便宜,不过有点儿远。

“不过”和“只是”都表示转折,它们的区别是:“不过”常用于口语,语气比“只是”要重一些。另外,“不过”后面可以停顿,“只是”后一般不能停顿。

The difference between “不过” and “只是” is that “不过” often occurs in the spoken language, with a stronger tone than “只是”, and that there may be a pause after “不过”, but not after “只是”.

练 习
Exercises

一、辨音练习 Distinguish the following syllables

(1) gāi—kāi (2) gǎo—kào (3) fán—hàn
(4) níng—lǐng (5) míng—níng (6) lái—nài
(7) fēn—hūn (8) fàng—huàng

二、找出错误的声调并改正 Find the syllables with wrong tones and correct them

(1) bù jiàn (2) bù shóu (3) bù tīng (4) bú hǎo
(5) yīshēng (6) yí ge (7) yí háng (8) yì wǎn

三、用正确的语调读下边的句子 Read the following sentences with correct intonation

1. 你早餐吃什么？
2. 你呢？
3. 你吃过中式早餐吗？
4. 最近，怎么样？
5. 你晚上是不是睡得很晚？
6. 看来，我以后也应该“入乡随俗”了。

四、组词成句 Arrange the given words into sentences

1. 什么 早餐 小李 吃 ？
2. 豆浆 早上 或者 喝 他 牛奶 。
3. 过 她 去 吗 英国 ？
4. 都 我 困 早上 很 每 天 。
5. 才 他 睡觉 常常 十二点 晚上 。

五、下面的话，你能说得简单点儿吗？ Can you simplify the following sentences?

例：我的名字叫黄明珠。→ 我叫黄明珠。

1. 小王要喝一杯牛奶。
2. 我吃中式早餐，你吃什么早餐？
3. 我吃几个包子，再喝一点儿粥。

六、交际训练 Communication drills

功能项目 1：询问并回答用餐的意向
Asking about one's food preferences and responding

范　句 Example:

A：你早餐吃什么？
B：我吃中式早餐：喝一杯豆浆，再吃一个煮鸡蛋。

功能项目 2：询问并回答用餐的经历
Asking about one's eating experiences and responding

范　句 Example:

A：你吃过中式早餐吗？
B：还没吃过。

练习 Exercises

参照功能项目中的范句 Based on the above examples

1. 请你和同学作对话，谈一谈你们一日三餐的情况。
   Make a dialogue with your classmates and talk about what you eat at breakfast, lunch and dinner.
2. 请你和同学作对话，谈一谈你们的用餐经历。
   Make a dialogue with your classmates and talk about your eating experience.
3. 请你谈一谈自己的用餐习惯和经历。
   Talk about the eating habit and experience of yourself.

功能项目 3：询问并回答目前的情况
Enquiring about one's present situation and responding

范 句 Example:

A：最近，怎么样？
B：还可以，只是早上起床有点儿难，我每天早上都很困。

功能项目 4：询问并回答是否有某种生活习惯
Enquiring about one's life style/habits and responding

范 句 Example:

A：你晚上是不是睡得很晚？
B：对，我晚上常常十二点多才睡觉。

功能项目 5：表推测 Indicating conjecture

范 句 Example:

看来，我以后也应该"入乡随俗"了。

练习 Exercises

参照功能项目中的范句，两个同学一组作对话练习

Based on the above examples, make dialogues with you partner

1. 谈一下你们目前的情况。

   Talk about your present situation.

2. 谈一下你们的生活习惯。

   Talk about your living habits.

七、课堂表演 Presentations

1. 你见到一个朋友，和她/他谈一谈来中国以前的一日三餐的情况和来中国以后的用餐经历。

   You come across a friend of yours, then you talk with her/him about what you had at three meals of a day before you came to China, and the eating experience after you came to China.

2. 你见到一个朋友,和她/他谈一谈来中国以后的情况以及生活习惯可能改变的情况。

   You come across a friend of yours, then you talk with her/him about your recent situation after you came to China and the changes of your living habits.

八、语段表达 Narration

用保罗的口气复述情景 2。

Suppose you are Paul. Please retell what happened in Scene 2 in the first person.

第八课 LESSON EIGHT

谈学习情况

Discussing One's Studies

对话 Dialogues

情景 1：黄明珠和李小芳在宿舍里聊天。
Scene 1: Hwang Myeong Ju and Li Xiaofang are chatting in the dormitory.

小芳：明珠，你 最近 学习 忙 不 忙？
Míngzhū, nǐ zuìjìn xuéxí máng bu máng?

明珠：很 忙，我 从 星期一 到 星期五，每 天 上午 都 有 必修课，星期二 和 星期四 的 下午 还 有 选修课。
Hěn máng, wǒ cóng xīngqīyī dào xīngqīwǔ, měi tiān shàngwǔ dōu yǒu bìxiūkè, xīngqī'èr hé xīngqīsì de xiàwǔ hái yǒu xuǎnxiūkè.

小芳：你 都 上 什么 课？
Nǐ dōu shàng shénme kè?

明珠：必修课 都 是 汉语 语言 课，有 语法、口语、听力、写作 和 阅读 课；选修课 有 中国 文化 和 中国 历史 课。
Bìxiūkè dōu shì Hànyǔ yǔyán kè, yǒu yǔfǎ、kǒuyǔ、tīnglì、xiězuò hé yuèdú kè; xuǎnxiūkè yǒu Zhōngguó wénhuà hé Zhōngguó lìshǐ kè.

小芳：你觉得 学习 汉语 难不 难？
Nǐ juéde xuéxí Hànyǔ nán bu nán?

明珠：语法和汉字 有点儿 难，不过，我 觉得 学习 汉语
Yǔfǎ hé Hànzì yǒudiǎnr nán, búguò, wǒ juéde xuéxí Hànyǔ
很 有 意思。我 第 一 次 说 汉语 句子 的 时候，
hěn yǒu yìsi. Wǒ dì yī cì shuō Hànyǔ jùzi de shíhou,
真是 高兴 极 了。
zhēnshi gāoxìng jí le.

情景 2：大卫和王刚在图书馆前见面了。
Scene 2: David meets Wang Gang in front of the library.

王刚：大卫，你 开始 上 课 了 吗？
Dàwèi, nǐ kāishǐ shàng kè le ma?

大卫：对，我 从 这个 星期一 开始 上 课。
Duì, wǒ cóng zhège xīngqīyī kāishǐ shàng kè.

王刚：学习 紧张 不 紧张？
Xuéxí jǐnzhāng bù jǐnzhāng?

大卫：挺 紧张。我 每 个 星期 白天 要 上 二十 节
Tǐng jǐnzhāng. Wǒ měi ge xīngqī báitiān yào shàng èrshí jié
课，晚上 还 得 复习、预习 什么的，只有 周末
kè, wǎnshang hái děi fùxí、yùxí shénmede, zhǐyǒu zhōumò
能 休息。
néng xiūxi.

王刚：那 你 一定 是 班 上 最 努力 的 学生 吧？
Nà nǐ yídìng shì bān shang zuì nǔlì de xuésheng ba?

大卫：不，我们 班 上 的 同学 学习 都 很 努力。
Bù, wǒmen bān shang de tóngxué xuéxí dōu hěn nǔlì.
他们 的 汉语 水平 进步 得 都 很 快。所以，我
Tāmen de Hànyǔ shuǐpíng jìnbù de dōu hěn kuài. Suǒyǐ, wǒ
只有 努力 学习，才 不 会 落后 啊！
zhǐyǒu nǔlì xuéxí, cái bú huì luòhòu a!

短文 Text

一天，李小芳在宿舍里问黄明珠的学习情况。明珠说她学习很忙，从星期一到星期五，每天都有课。小芳问明珠学习汉语难不难，明珠说语法和汉字有点儿难，但是，她觉得学习汉语很有意思。

Yì tiān, Lǐ Xiǎofāng zài sùshè li wèn Huáng Míngzhū de xuéxí qíngkuàng. Míngzhū shuō tā xuéxí hěn máng, cóng xīngqīyī dào xīngqīwǔ, měi tiān dōu yǒu kè. Xiǎofāng wèn Míngzhū xuéxí Hànyǔ nán bu nán, Míngzhū shuō yǔfǎ hé Hànzì yǒudiǎnr nán, dànshì, tā juéde xuéxí Hànyǔ hěn yǒu yìsi.

生词 New Words

1. 忙	(形)	máng	busy
2. 从……到……		cóng…dào…	from ... to ...
3. 星期	(名)	xīngqī	week
4. 上午	(名)	shàngwǔ	morning
5. 必修课	(名)	bìxiūkè	required (obligatory) course
6. 选修课	(名)	xuǎnxiūkè	elective (optional) course

7. 汉语	（名）	Hànyǔ	Chinese (language)
8. 语言	（名）	yǔyán	language
9. 语法	（名）	yǔfǎ	grammar
10. 口语	（名）	kǒuyǔ	spoken language
11. 听力	（名）	tīnglì	listening comprehension
12. 写作	（名）	xiězuò	writing; composition
13. 阅读	（动）	yuèdú	to read
14. 文化	（名）	wénhuà	culture
15. 历史	（名）	lìshǐ	history
16. 觉得	（动）	juéde	to feel; to think
17. 汉字	（名）	Hànzì	Chinese character
18. 有意思		yǒu yìsi	meaningful; interesting
19. 句子	（名）	jùzi	sentence
20. ……的时候		……de shíhou	when ...
21. 极	（副）	jí	extremely; exceedingly
22. 图书馆	（名）	túshūguǎn	library
23. 开始	（动）	kāishǐ	to begin; to start
24. 紧张	（形）	jǐnzhāng	nervous; tense
25. 白天	（名）	báitiān	daytime
26. 节	（量）	jié	*a measure word;* section, length

27. 得	(助动)	děi	to need; must; have to
28. 复习	(动)	fùxí	to review; to revise
29. 预习	(动)	yùxí	to preview
30. 什么的		shénmede	and so on
31. 只有	(连)	zhǐyǒu	only
32. 周末	(名)	zhōumò	weekend
33. 能	(助动)	néng	can
34. 休息	(动)	xiūxi	to have a rest
35. 一定	(形、副)	yídìng	sure; surely
36. 班	(名)	bān	class
37. 最	(副)	zuì	most
38. 努力	(形)	nǔlì	diligent; hardworking
39. 水平	(名)	shuǐpíng	level, standard
40. 进步	(动)	jìnbù	to improve
41. 快	(形)	kuài	fast; quick; rapid
42. 所以	(连)	suǒyǐ	so
43. 只有……才……		zhǐyǒu……cái……	unless; only if
44. 落后	(动)	luòhòu	to fall behind; to lag behind
45. 啊	(助)	a	*a modal particle*
46. 但是	(连)	dànshì	however

注释
Notes

1.“那你一定是班上最努力的学生吧？”

“那”在汉语口语中可以用作连词，后面跟着的句子常表示根据前文的内容所做出的推测或判断。例如：

In spoken Chinese, “那” (“in that case” or “then”) can be used as a conjunction. The sentence after “那” often expresses a supposition or conclusion drawn from the proceeding information, e.g.

(1) A：明天是周末。

B：那我们早上可以晚点儿起床。

(2) A：大学食堂的早餐很好吃。

B：那我一定去尝尝。

2.“我只有努力学习，才不会落后啊！”

“只有……才……”连接的是条件复句。“只有”表示必需的条件，“才”表示在这一条件下出现的情况或产生的结果。例如：

“只有……才……” (“only when ...”, “only if ...” or “unless ...”) links a conditional complex sentence. “只有” indicates a necessary condition; and “才” indicates the consequence or result of the stated condition, e.g.

(1) 只有周末，保罗才可以不去上课。

(2) 邮局远不远，我只有去了，才知道。

练　习
Exercises

一、辨音练习　Distinguish the following syllables

(1) zǎi—cǎi　(2) zǐ—cǐ　(3) zuì—suì

(4) zuān—suān　(5) sān—cān　(6) suō—cuō

(7) kāi—cāi　(8) kǎo—cǎo

二、声调练习　Tone drills

圈出各组中与其他词语声调不同的两个词

Circle the two words with different tones from the rest in each group

1. 星期　书桌　七层　方便　公司　医生
2. 走廊　男士　好像　楼上　文具　一共
3. 钢笔　多少　地毯　经理　高兴　铅笔

三、用正确的语调读下面的句子
Read the following sentences with correct intonation

1. 你最近学习忙不忙？
2. 你都上什么课？
3. 你觉得学习汉语难不难？
4. 你开始上课了吧？
5. 学习紧张不紧张？
6. 那你一定是班上最努力的学生吧？
7. 我只有努力学习，才不会落后啊！

四、说出合适的应答句 Give the suitable responses

1. 问：你今天忙不忙？
   答：

2. 问：你都上什么课？
   答：

3. 问：你觉得学习汉语难不难？
   答：

4. 问：你学习紧张不紧张？
   答：

5. 问：你学习进步得快吗？
   答：

五、组词成句 Arrange the given words into sentences

1. 都　汉语　必修课　是　语言课　。

2. 是　极　他　高兴　了　真　。

3. 学习　星期一　我　个　开始　从　这　。

4. 的　水平　进步　太　小王　得　不　快　汉语　。

5. 同学　你们　努力　的　努力　不　班　？

六、交际训练 Communication drills

功能项目 1：询问并回答对方的学习情况的选择意向
Enquiring about one's studies and responding

范 句 Examples:

(1) A：你学习忙不忙？
B：很忙。

(2) A：你学习紧张不紧张？
B：挺紧张。

功能项目 2：询问并回答对方对学习的感受的选择意向
Enquiring about one's study experience and responding

范 句 Example:

A：你觉得学习汉语难不难？
B：语法和汉字有点儿难。

功能项目 3：询问并回答对方上课的情况 Enquiring about classes

范 句 Example:

A：你上什么课？
B：我上必修课和选修课。

功能项目 4：表示推测(2) Expressing a conjecture

范 句 Example:

那你一定是班上最努力的学生吧？

练习 Exercises

参照功能项目中的范句，两个同学一组作对话练习

Based on the above examples, make dialogues with your partner

1. 谈一谈你们来中国以后的学习情况和感受。

   Talk about your study experience after you came to China.

2. 谈一谈你们学习汉语时，水平进步的情况。

   Talk about the progress you have made in your Chinese study.

七、课堂表演 Presentation

一个同学作王刚，另一个同学作大卫，你们在校园里见面了，"王刚"想知道"大卫"的上课和学习情况，你们俩有一个对话。

One student plays the role of Wang Gang, and another plays the role of David. You two meet on the campus. "Wang Gang" wants to know "David"'s classes and study experience, so you two have a conversation.

八、语段表达 Narration

请介绍一下情景2中大卫和王刚见面的情况。

Talk about what happened in Scene 2 when David meets Wang Gang.

第九课
LESSON NINE

购物(2) 在自由市场买东西

Shopping (2): Buying Things at the Free Market

对话
Dialogues

情景 1：艾丽在农贸市场买东西。
Scene 1: Ally is shopping at the market of farm produce.

卖主：小姐，您 要点儿 什么 水果？
Xiǎojie, nín yàodiǎnr shénme shuǐguǒ?

艾丽：香蕉 怎么 卖？
Xiāngjiāo zěnme mài?

卖主：三 块 钱 一 斤。
Sān kuài qián yì jīn.

艾丽：我 要 买 三 根 香蕉。
Wǒ yào mǎi sān gēn xiāngjiāo.

卖主：对 不 起，我们 的 香蕉 不 按 根 卖，您 可以 买 半 把 或 一 把 香蕉。
Duì bu qǐ, wǒmen de xiāngjiāo bú àn gēn mài, nín kěyǐ mǎi bàn bǎ huò yì bǎ xiāngjiāo.

艾丽：那 我 要 半 把 吧。
Nà wǒ yào bàn bǎ ba.

卖主：好，我 给 您 称 一下。（称 香蕉） 一共 是
Hǎo, wǒ gěi nín chēng yíxià. (Chēng xiāngjiāo) Yígòng shì

二斤一两，六块三毛钱。
èr jīn yī liǎng, liù kuài sān máo qián.

艾丽：六块钱吧，怎么样？
Liù kuài qián ba, zěnme yàng?

卖主：六块就六块吧，您可要再来买我的水果啊。
Liù kuài jiù liù kuài ba, nín kě yào zài lái mǎi wǒ de shuǐguǒ a.

艾丽：好的，您的水果又好又便宜，我下次一定再来买。
Hǎo de, nín de shuǐguǒ yòu hǎo yòu piányi, wǒ xià cì yídìng zài lái mǎi.

情景2：保罗到秀水街的市场买东西。
Scene 2: Paul is shopping at Xiushui Street Market.

保罗：请问，这件羽绒服多少钱？
Qǐngwèn, zhè jiàn yǔróngfú duōshao qián?

卖主：六百八十块。
Liùbǎi bāshí kuài.

保罗：太贵了，便宜一点儿吧。
Tài guì le, piányi yìdiǎnr ba.

卖主：六百五十块。
Liùbǎi wǔshí kuài.

保罗：我今天只带了四百块钱，我没有那么多钱。三百五十块吧。
Wǒ jīntiān zhǐ dàile sìbǎi kuài qián, wǒ méiyǒu nàme duō qián. Sānbǎi wǔshí kuài ba.

卖主：这 件 羽绒服 颜色、 式样 和 质量 都 不错，
Zhè jiàn yǔróngfú yánsè、shìyàng hé zhìliàng dōu búcuò,
三百 五十 块 太 少 了。
sānbǎi wǔshí kuài tài shǎo le.

保罗：那 我 去 别的 地方 再 看 一 看 吧。再见。
Nà wǒ qù biéde dìfang zài kàn yi kàn ba. Zàijiàn.

卖主：别 走， 朋友， 三百 五十 块 就 三百 五十 块，
Bié zǒu, péngyou, sānbǎi wǔshí kuài jiù sānbǎi wǔshí kuài,
卖给 你 吧。
màigěi nǐ ba.

短文 Text

保罗 到 秀水 街 的 市场 买 羽绒服。卖 东西 的 人 开始 要 六百 八十 块。 保罗 和 她 讨 价 还 价 以后，花了 三百 五十 块 买了 一 件 好看 的 羽绒服。
Bǎoluó dào Xiùshuǐ Jiē de shìchǎng mǎi yǔróngfú. Mài dōngxi de rén kāishǐ yào liùbǎi bāshí kuài. Bǎoluó hé tā tǎo jià huán jià yǐhòu, huāle sānbǎi wǔshí kuài mǎile yí jiàn hǎokàn de yǔróngfú.

生 词
New Words

1. 自由市场		zìyóu shìchǎng	free market
2. 农贸市场		nóngmào shìchǎng	market of farm produce
3. 水果	(名)	shuǐguǒ	fruit
4. 香蕉	(名)	xiāngjiāo	banana
5. 斤	(量)	jīn	*jin*, Chinese unit of weight (500g)
6. 根	(量)	gēn	*a measure word for long, thin objects*
7. 按	(介)	àn	in accordance with; on the basis of
8. 半	(数)	bàn	half; semi-
9. 那	(连)	nà	then; in that case
10. 给	(介)	gěi	for
11. 称	(动)	chēng	to weigh
12. 两	(量)	liǎng	*liang, a unit of weight*
13. 就	(连)	jiù	then
14. 可	(连)	kě	*used for emphasis*
15. 来	(动)	lái	*used before another verb to indicate an*

			intended or suggested action
16. 又……又……		yòu……yòu……	both ... and ...
17. 便宜	(形)	piányi	cheap; inexpensive
18. 下(一)次		xià(yí)cì	the next time
19. 件	(量)	jiàn	*a measure word for clothes*
20. 羽绒服	(名)	yǔróngfú	down-padded anorak
21. 百	(数)	bǎi	hundred
22. 贵	(形)	guì	expensive
23. 那么	(代)	nàme	like that; in that way
24. 颜色	(名)	yánsè	colour
25. 式样	(名)	shìyàng	style; type; model
26. 质量	(名)	zhìliàng	quality
27. 不错	(形)	búcuò	not bad; pretty good
28. 别的	(代)	biéde	others
29. 别	(副)	bié	don't
30. 讨价还价		tǎo jià huán jià	to bargain; to haggle
31. 花	(动)	huā	to spend

专 名 Proper Noun

秀水街	Xiùshuǐ Jiē	Xiushui Street

注释
Notes

1.“六块就六块吧，您可要再来买我的水果啊。”

“……就……[吧]”，在汉语口语中，可表示容忍或无所谓。例如：

In spoken Chinese, “……就……[吧]” expresses the speaker's acceptance of or indifference to something, e.g.

(1) 星期六去就星期六去吧，你早点儿起就可以。

(2) 贵就贵点儿吧，这种洗发水很好。

副词“可”在此句中，表示强调语气，这种用法在汉语口语中较为常见。例如：

In the sentence, the adverb “可” is used for emphasis, which is very common in spoken Chinese, e.g.

(1) 这儿的水果可真便宜。

(2) 明天你可一定来找我啊。

2.“您的水果又好又便宜，我下次一定再来买。”

“又……又……”结构中，“又”的后面可以是动词、动词短语或形容词，可以表示动作、性质或状况同时存在。例如：

In the construction “又……又……”, verbs, verb phrases or adjectives can be put after “又” to indicate the simultaneous existence of different qualities or circumstances or some actions taking place at the same time, e.g.

(1) 同学们又说又笑，很高兴。

(2) 食堂的饭又好吃，又便宜。

3. "太贵了，便宜一点儿吧。"

"一点儿"用在形容词的后面，可以表示比较，有"稍微"的意思。例如：

"一点儿" can be used after an adjective to form the comparative degree, meaning "slightly", e.g.

(1) 田中的英语不太好，她的汉语好一点儿。

(2) 这儿的香蕉贵一点儿。

但是，"一点儿"不可以用在动词和形容词的前面，如不可以说"一点儿高兴""一点儿贵"等等。

However, "一点儿" does not precede verbs or adjectives, for example, you cannot say "一点儿高兴" or "一点儿贵".

练习 Exercises

一、辨音练习 Distinguish the following syllables

(1) jiāo—qiāo (2) jīn—qīn (3) jiū—xiū

(4) qié—xié (5) xún—hún (6) xuān—huān

(7) rén—yín (8) róu—yóu

二、声调练习 Tone drills

将声调相同的词语归类 Match the syllables with the same tones

西式 豆浆 身体 牛奶 起床 鸡蛋

有时 俗语 每天 必修 选修 开始

三、用正确的语调读下边的句子 Read the following sentences with correct intonation

1. 小姐，您要点儿什么水果？
2. 香蕉怎么卖？
3. 六块钱吧，怎么样？
4. 请问，这件羽绒服怎么卖？
5. 您的水果可以便宜一点儿吗？

四、读下边的句子，注意句子的重音

Read the following sentences, paying attention to the stress

1. 对不起，我们的香蕉不按根卖，您可以买半把或一把香蕉。
2. 六块就六块吧，您可要再来买我的水果啊。
3. 太贵了，便宜一点儿吧。
4. 我今天只带了四百块钱，我没有那么多钱。
5. 三百五十块太少了。
6. 别走，朋友，三百五十块就三百五十块，卖给你吧。

五、用线连出可以搭配的短语，并用它们说出一句话

Draw lines to match the phrases in the two columns, then use them to make sentences

1. 颜色和式样	a. 再来买	______________
2. 称一下	b. 一斤	______________
3. 下一次	c. 那把香蕉	______________
4. 五块钱	d. 都不错	______________

六、交际训练 Communication drills

功能项目 1：询问对方要买什么和回答

Enquiring what the customer wants and responding

范　句 Examples:

(1) 您要点儿什么水果？

您要买什么水果？

(2) 我要买香蕉。

功能项目 2：询问东西的价钱和回答 Enquiring about prices and responding

范　句　Examples:

(1) A：香蕉怎么卖？

B：三块钱一斤。

(2) A：这件羽绒服多少钱？

B：六百八十块。

功能项目 3：和对方商量价钱和回答　Discussing the price and responding

范　句　Example:

A：六块钱吧，怎么样？

B：六块就六块吧。

功能项目 4：还价　Haggling

买的人：(1) 太贵了，便宜一点儿吧。

(2) 我没有那么多钱，三百五十块吧。

卖的人：这件羽绒服颜色、式样和质量都不错，三百五十块太少了。

功能项目 5：劝阻　Dissuading

范　句　Example:

别走，朋友。

功能项目 6：让步性的成交 Conceding and making a deal

范　句 Examples:

(1) 六块就六块吧。

(2) 三百五十块就三百五十块，卖给你吧。

练习 Exercises

参照功能项目中的范句，两个同学一组作对话练习

Based on the above examples, make dialogues with your partner

1. 一个作买水果的人，另一个作卖水果的人。

   One wants to buy fruit, and the other is the seller.

2. 一个作买衣服的人，另一个作卖衣服的人。

   One wants to buy clothes, and the other is the seller.

七、课堂表演 Presentation

你到秀水街的市场去买书包，去了两个摊主那儿讨价还价；最后，在第二个摊儿上成交了。请三个同学一组作表演。

You go to Xiushui Market to buy a schoolbag, and you bargain with two sellers. At last, you clinch the deal at the second booth. Three of you give this presentation.

八、语段表达 Narration

用艾丽的口气复述情景 1 中的内容。

Suppose you are Ally. Please retell what happened in Scene 1 in the first person.

第十课
LESSON TEN

校园环境

The Campus

对话
Dialogues

情景 1：大卫带他的朋友马克参观自己的大学。
Scene 1: David takes his friend Mark to look round his university.

大卫：马克，你看，这是我们学校的东门。
Mǎkè, nǐ kàn, zhè shì wǒmen xuéxiào de dōng mén.

马克：你们学校有几个大门？
Nǐmen xuéxiào yǒu jǐ ge dàmén?

大卫：有两个，一个东门，一个西门。我们从东门进去吧，咱们一边走，一边参观。
Yǒu liǎng ge, yí ge dōng mén, yí ge xī mén. Wǒmen cóng dōng mén jìnqu ba, zánmen yìbiān zǒu, yìbiān cānguān.

马克：好吧。
Hǎo ba.

大卫：从东门往前走，是学校的小花园。
Cóng dōng mén wǎng qián zǒu, shì xuéxiào de xiǎo huāyuán.

马克：这儿有花儿、有草，还有树，真漂亮。
Zhèr yǒu huār、yǒu cǎo, hái yǒu shù, zhēn piàoliang.

大卫：小　花园　的　后面　是　第一　教学楼。
Xiǎo huāyuán de hòumian shì dì yī jiàoxuélóu.

马克：第一　教学楼　的　南边　是　什么　楼？
Dì yī jiàoxuélóu de nánbian shì shénme lóu?

大卫：那　是　体育馆，我　常常　在　那儿　打　篮球。
Nà shì tǐyùguǎn, wǒ chángcháng zài nàr dǎ lánqiú.

马克：第一　教学楼　的　北边　是　什么　楼？
Dì yī jiàoxuélóu de běibian shì shénme lóu?

大卫：那　是　办公楼。办公楼　的　西边　是　图书馆。
Nà shì bàngōnglóu. Bàngōnglóu de xībian shì túshūguǎn.

马克：你　平时　在　哪　座　楼　上　课？
Nǐ píngshí zài nǎ zuò lóu shàng kè?

大卫：我　一般　在　第五　教学楼　上　课。图书馆　的　西北边　就　是　第五　教学楼。
Wǒ yìbān zài dì wǔ jiàoxuélóu shàng kè. Túshūguǎn de xīběibian jiù shì dì wǔ jiàoxuélóu.

马克：留学生楼　远　吗？
Liúxuéshēnglóu yuǎn ma?

大卫：不　远。你　看，第五　教学楼　的　南边　是　个　操场，操场　旁边　的　那　座　高　楼　就　是　我们　的　宿舍。
Bù yuǎn. Nǐ kàn, dì wǔ jiàoxuélóu de nánbian shì ge cāochǎng, cāochǎng pángbiān de nà zuò gāo lóu jiù shì wǒmen de sùshè.

马克：真　方便。
Zhēn fāngbiàn.

情景 2：大卫和马克在大学里的咖啡厅里聊天。
Scene 2: David and Mark chat in the university coffee bar.

马克：大卫，住在这儿，出门方便不方便？
Dàwèi, zhù zài zhèr, chū mén fāngbiàn bù fāngbiàn?

大卫：很方便。我们的大学在海淀区的交通中心。在大学的门口，有很多路公共汽车的车站，还有很多出租汽车的停车点。
Hěn fāngbiàn. Wǒmen de dàxué zài Hǎidiàn Qū de jiāotōng zhōngxīn. Zài dàxué de ménkǒu, yǒu hěn duō lù gōnggòng qìchē de chēzhàn, hái yǒu hěn duō chūzū qìchē de tíngchēdiǎn.

马克：买东西方便吗？
Mǎi dōngxi fāngbiàn ma?

大卫：也很方便。我们的大学也在海淀区的商业中心的旁边。大学的南门附近有两个有名的购物中心、一个大超级市场。我周末常去逛街。
Yě hěn fāngbiàn. Wǒmen de dàxué yě zài Hǎidiàn Qū de shāngyè zhōngxīn de pángbiān. Dàxué de nán mén fùjìn yǒu liǎng ge yǒumíng de gòuwù zhōngxīn、 yí ge dà chāojí shìchǎng. Wǒ zhōumò cháng qù guàng jiē.

马克：这儿的环境真不错。
Zhèr de huánjìng zhēn búcuò.

短文 Text

大卫 带 他 的 朋友 马克 参观 他 的 大学 校园。 他们 从 学校 的 东 门 进去，一边 走，一边 参观。 大卫 向 马克 介绍了 学校 里 的 很 多 地方。

Dàwèi dài tā de péngyou Mǎkè cānguān tā de dàxué xiàoyuán. Tāmen cóng xuéxiào de dōng mén jìnqu，yìbiān zǒu，yìbiān cānguān. Dàwèi xiàng Mǎkè jièshàole xuéxiào li de hěn duō dìfang.

生词 New Words

1. 环境	(名)	huánjìng	environment; surroundings; circumstances
2. 参观	(动)	cānguān	to visit (a place, exhibition, etc.)
3. 学校	(名)	xuéxiào	school
4. 东门		dōng mén	east gate
5. 大门	(名)	dàmén	main gate
6. 西门		xī mén	west gate
7. 进去		jìn qù	to go in; to enter
8. 咱们	(代)	zánmen	we

9. 小	(形)	xiǎo	small; little; petty; minor
10. 花园	(名)	huāyuán	flower garden; garden
11. 草	(名)	cǎo	grass; straw
12. 树	(名)	shù	tree
13. 后面	(名)	hòumian	at the back; in the rear; behind
13. 第		dì	*prefix for ordinal numbers*
14. 教学楼	(名)	jiàoxuélóu	teaching building
15. 南边	(名)	nánbian	south
16. 体育馆	(名)	tǐyùguǎn	gymnasium
17. 打(篮球)	(动)	dǎ(lánqiú)	to play (basketball)
18. 篮球	(名)	lánqiú	basketball
19. 北边	(名)	běibian	north
20. 办公楼	(名)	bàngōnglóu	office building
21. 平时	(名)	píngshí	usually; ordinarily
22. 座	(量)	zuò	*a measure word*
23. 西北	(名)	xīběi	northwest
24. 操场	(名)	cāochǎng	playground; sports ground
25. 高	(形)	gāo	tall; high
26. 咖啡厅	(名)	kāfēitīng	coffee bar
27. 出门		chū mén	to go out
28. 区	(名)	qū	district

29. 交通中心		jiāotōng zhōngxīn	communication center
30. 门口	(名)	ménkǒu	entrance; doorway
31. 路	(量)	lù	line; route
32. 公共汽车		gōnggòng qìchē	bus
33. 车站	(名)	chēzhàn	station
34. 出租汽车		chūzū qìchē	taxi
35. 停车点	(名)	tíngchēdiǎn	parking area
36. 商业中心		shāngyè zhōngxīn	commercial centre
37. 南门		nán mén	the south gate
38. 附近	(名)	fùjìn	nearby; close to; in the vicinity
39. 有名	(形)	yǒumíng	well-known; famous; renowned
40. 购物中心		gòu wù zhōngxīn	shopping centre
41. 超级市场		chāojí shìchǎng	supermarket
42. 逛街		guàng jiē	to stroll around the streets

专　名　Proper Nouns

1. 马克	Mǎkè	Mark
2. 海淀区	Hǎidiàn Qū	Haidian District

注释 Note

"图书馆的西北边就是第五教学楼。"

汉语中，除了东、西、南、北四个基本方位以外，还有四个中间方位，即"东南、东北、西南、西北"而不能说成"南东、北东、南西和北西"。

In Chinese, the four basic directions are: east, west, south and north. In addition to these, there are four intermediate directions: southeast, northeast, southwest and northwest (literally translated as "eastsouth, eastnorth, westsouth and westnorth")—whose word order is different from that in English.

练习 Exercises

一、辨音练习 Distinguish the following syllables

(1) zhāi—zāi	(2) chūn—cūn	(3) shǒu—sǒu
(4) zhuì—shuì	(5) chí—shí	(6) zhuǎn—chuǎn
(7) chù—rù	(8) zhuǎn—ruǎn	(9) shì—rì

二、声调练习 Tone drills

请说出下面词语中带有半上声的词语

Read the words with a semi-rising tone

早上	美国	本子	表姐	老师
打球	小草	有名	可以	每天

三、用正确的语调读下面的句子，注意重音

Read the following sentences with correct intonation, paying attention to the stress

1. 马克，你看，这是我们学校的东门。
2. 这儿有花儿、有草，还有树，真漂亮。
3. 你平时在哪座楼上课？
4. 留学生楼远吗？
5. 我们的大学也在海淀区的商业中心的旁边。

四、下面的句子是外国留学生常常说错的，你能改正过来吗？

Can you correct the following sentences in which errors are often made by foreign students?

1. 我们进去从东门。
2. 我常常打篮球在体育馆。
3. 什么楼是第一教学楼的北边？
4. 办公楼的西边在图书馆。
5. 也买东西很方便。

五、交际训练 Communication drills

功能项目 1：询问某方位是某物及回答

Asking what it is at a certain location and responding

范　句 Example:

A：第一教学楼的南边是什么楼？

B：那是体育馆，我常常在那儿打篮球。

功能项目 2：介绍方位　Introducing a position

范　句　Examples:

(1) 办公楼的西边是图书馆。

(2) 图书馆在办公楼的西边。

功能项目 3：询问对方做某事的地方及回答　Asking the location of some activity and responding

范　句　Example:

A：你平时在哪座楼上课？

B：我一般在第五教学楼上课。

功能项目4：询问距离远近及回答　Asking about a distance and responding

范　句　Example:

A：留学生楼远吗？

B：不远。

练习　Exercise

参照功能项目中的范句，两个同学一组作对话练习

Based on the above examples, make a dialogue with your partner

每个人先画出一张你原来的大学或中学的地图，再互相提问和介绍校园里主要建筑的位置和布局。

Draw a plan of your former university or secondary school and talk about the positions and layout of the main buildings on your campus.

六、语段表达　Narration

用马克的口气复述情景 2 中的内容。

Suppose you are Mike. Please retell what happened in Scene 2 in the first person.

第十一课
LESSON ELEVEN

与人联系

Communicating with People

对话
Dialogues

情景 1：田中幸子在一家商场买了一台电脑，销售人员让她填一张单子。

Scene 1: Tanaka Sachiko is buying a computer in a store, the sales assistant asks her to fill in a form.

销售员：小姐，请您填一下这张单子，我们可以给您送货上门。
Xiǎojie, qǐng nín tián yíxià zhè zhāng dānzi, wǒmen kěyǐ gěi nín sòng huò shàng mén.

田　中：请问，要填哪些内容呢？
Qǐngwèn, yào tián nǎxiē nèiróng ne?

销售员：您先在这儿填一下姓名和住址。我可以帮您填。
Nín xiān zài zhèr tián yíxià xìngmíng hé zhùzhǐ. Wǒ kěyǐ bāng nín tián.

田　中：好吧。姓名是田中幸子，住址是北京市海淀区中关村大街 59 号。
Hǎo ba. Xìngmíng shì Tiánzhōng Xìngzǐ, zhùzhǐ shì Běijīng Shì Hǎidiàn Qū Zhōngguāncūn Dàjiē wǔshíjiǔ hào.

销售员：请问，您 住 几 号 楼？几 号 房间？
Qǐngwèn, nín zhù jǐ hào lóu? Jǐ hào fángjiān?

田　中：我 住 20 号 楼 615 房间。
Wǒ zhù èrshí hào lóu liùyāowǔ fángjiān.

销售员：您 的 电话 号码 是 多少？
Nín de diànhuà hàomǎ shì duōshao?

田　中：6 2 5 1 0 3 8 6。
Liù èr wǔ yāo líng sān bā liù.

销售员：您 的 呼机 或 手机 号码 是 多少？
Nín de hūjī huò shǒujī hàomǎ shì duōshao?

田　中：我 的 手机 号码 是 1 3 0 5 1 8 9 0 4 2 7。
Wǒ de shǒujī hàomǎ shì yāo sān líng wǔ yāo bā jiǔ líng sì èr qī.

销售员：您 看，我们 明天 上午 给 您 送 货 可以 吗？
Nín kàn, wǒmen míngtiān shàngwǔ gěi nín sòng huò kěyǐ ma?

田　中：可以。
Kěyǐ.

情景 2：电脑公司的人给田中幸子送货上门。
Scene 2: The computer company delivers a computer to Tanaka Sachiko.

高小平：小姐，您 的 电脑 我 已经 安装 好 了。
Xiǎojie, nín de diànnǎo wǒ yǐjing ānzhuāng hǎo le.

田　中：谢谢 您。
Xièxie nín.

高小平：这 是 我 的 名片，如果 有 什么 问题，可以
Zhè shì wǒ de míngpiàn, rúguǒ yǒu shénme wèntí, kěyǐ

找　我。
zhǎo wǒ.

田中：（念）北京　市　大明　电脑　公司　高　小平
(Niàn) Běijīng Shì Dàmíng Diànnǎo Gōngsī Gāo Xiǎopíng
经理。
jīnglǐ.

高小平：名片　上　有我的公司地址、电话和手机
Míngpiàn shang yǒu wǒ de gōngsī dìzhǐ、diànhuà hé shǒujī
号码，还有　我们　公司　的　网址　和　电子
hàomǎ, hái yǒu wǒmen gōngsī de wǎngzhǐ hé diànzǐ
邮件　信箱　的地址。
yóujiàn xìnxiāng de dìzhǐ.

田中：好，有问题，我跟您联系。
Hǎo, yǒu wèntí, wǒ gēn nín liánxì.

短文 Text

田中　幸子在一家　商场　买了一台　电脑。
Tiánzhōng Xìngzǐ zài yì jiā shāngchǎng mǎile yì tái diànnǎo.
销售　人员　帮　她　填了　一　张　送货单。她
Xiāoshòu rényuán bāng tā tiánle yì zhāng sònghuòdān. Tā
填了自己的　姓名、住址和联系　电话　等　内容。
tiánle zìjǐ de xìngmíng、zhùzhǐ hé liánxì diànhuà děng nèiróng.

生 词
New Words

1. 与	(连)	yǔ	with
2. 联系	(动)	liánxì	to contact; to get in touch with; to link
3. 台	(量)	tái	*measure word for mechanical device or a machine*
4. 电脑	(名)	diànnǎo	computer
5. 销售	(动)	xiāoshòu	sell; market
6. 人员	(名)	rényuán	personnel; staff
7. 让	(动)	ràng	to let
8. 填	(动)	tián	to write; to fill in
9. 单子	(名)	dānzi	list
10. 送货上门		sòng huò shàng mén	to deliver goods to the doorstep of a customer
11. 哪些	(代)	nǎxiē	which
12. 内容	(名)	nèiróng	content
13. 姓名	(名)	xìngmíng	surname and first name; full name
14. 住址	(名)	zhùzhǐ	address
15. 大街	(名)	dàjiē	main street; avenue; street
16. 号	(名)	hào	number

17. 号码	(名)	hàomǎ	number
18. 呼机	(名)	hūjī	beeper; pager
19. 手机	(名)	shǒujī	mobile phone
20. 明天	(名)	míngtiān	tomorrow
21. 安装	(动)	ānzhuāng	to install
22. 名片	(名)	míngpiàn	name card
23. 如果	(连)	rúguǒ	if; in case
24. 问题	(名)	wèntí	problem
25. 念	(动)	niàn	to read
26. 地址	(名)	dìzhǐ	address
27. 网址	(名)	wǎngzhǐ	website
28. 电子邮件		diànzǐ yóujiàn	e-mail
29. 信箱	(名)	xìnxiāng	mailbox
30. 跟	(介)	gēn	with
31. 送货单	(名)	sònghuòdān	consignment invoice
32. 等	(助)	děng	and so on; and so forth; etc.

专　名　Proper Nouns

1. 北京市	Běijīng Shì	Beijing City
2. 中关村	Zhōngguāncūn	Zhongguancun
3. 大明电脑公司	Dàmíng Diànnǎo Gōngsī	Daming Computer Company
4. 高小平	Gāo Xiǎopíng	Gao Xiaoping (*name of a Chinese person*)

注 释
Notes

1. “姓名是田中幸子，住址是北京市海淀区中关村大街59号。”

汉语中，表示地址的顺序是由大到小：市名→ 区名→ 街名→ 门牌号码。例如：

In Chinese, items in an address are arranged in the order from large to small units: city → district → street → number, e.g.

上海市中山区光明路15号

2. “我的手机号码是13051890427。”

“1” 在电话号码中常读作“yāo”，这是为了和“7”（“qī”）区别开。

In telephone numbers, the numeral “1” is often pronounced as “yāo” so as to clearly distinguish “1” (“yī”) from “7” (“qī”).

3. “您看，我们明天上午给您送货可以吗？”

“您看”，在汉语口语中表示征询对方的意见。例如：

“您看” is used in spoken Chinese is to ask the other party’ s opinion, e.g.

(1) 你看，我们明天上午去老师家怎么样？

(2) 您看，她周末能来吗？

4. “小姐，您的电脑我已经安装好了。”

这里的“了”是结构助词，表示动作行为的完成，一般只出现在动词或动补结构的后面。例如：

Here “了” is a particle indicating the perfect aspect, and comes only after verbs or the complements of verbs, e.g.

(1) 他们买了很多水果。

(2) 作业已经做完了。

这种句子的否定形式是：没+V。例如：

Such sentence is negated by putting “没” before the verb without the particle “了”, e.g.

(1) 他们没买很多水果。

(2) 作业没做完。

5. "有问题，我跟您联系。"

这句话中，省略了关联词语"如果……就……"，原来的句子为："如果有问题，我就跟您联系。"口语中，这种省略假设复句中的关联词语的情况较为常见。例如：

In this sentence, "如果……就……" ("if ... then ...") is omitted. The original sentence is "如果有问题，我就跟您联系。". In spoken Chinese, it is very common to omit the connectives in a suppositional complex sentence, e.g.

(1) 有事，你给我打电话。

(2) 天气好，我就去。

练习 Exercises

一、听与读 Listen and read

1. kāfēi zhēn kǔ (咖啡真苦 The coffee is really bitter.)
   tā shǔ hǔ (她属虎 She was born in the year of tiger.)

2. wǒ gāi zǒu le (我该走了 It's time for me to leave.)
   huì kāishǐ le (会开始了 The meeting has started.)

3. yǎng yì zhī gǒu (养一只狗 to keep a dog)
   hē yì kǒu chá (喝一口茶 to take a sip of tea)

4. huǒchē tài màn (火车太慢 The train is too slow.)
   wèntí tài nán (问题太难 The question is too difficult.)

5. yì bān gōnggòng qìchē (一班公共汽车 a bus)
   yì pán chǎofàn (一盘炒饭 a dish of fried rice)

二、读下面的句子，注意自然连读与句中停顿

Read the following sentences, paying attention to the links and pauses

1. 请问，要填哪些内容呢？
2. 您住几号楼？几号房间？
3. 您看，我们明天上午给您送货可以吗？
4. 名片上有我的公司地址、电话和手机号码。
5. 有问题，我跟您联系。

三、说出合适的应答句 Give the suitable responses

1. 问：你住几号楼？ 几号房间？
   答：
2. 问：你的电话号码是多少？
   答：
3. 问：你们学校的地址是什么？
   答：
4. 问：你有朋友的名片吗？ 如果有，名片上写的是什么？
   答：

四、组词成句 Arrange the given words into sentences

1. 吗　上门　要　小王　送货　？
2. 你　地址　请　填　这儿　一下　在　。
3. 的　北海市　家　在　53号　大明路　小张　人民区　。
4. 号码　或　手机　呼机　一下　写　请　的　你　。
5. 他　了　给　经理　名片　一张　。

五、交际训练 Communication drills

功能项目 1：询问对方的住址、电话及回答
Asking about one's address and telephone number and responding

范 句 Example:

A：您住几号楼？几号房间？

B：我住20号楼615房间。

A：您的电话号码是多少？

B：62510386。

功能项目 2：介绍住址 Giving one's address

范 句 Example:

住址是北京市海淀区中关村大街59号。

功能项目 3：询问对方对做某事时间安排的意见及回答
Asking about the timing of some event and responding

范 句 Example:

A：您看，我们明天上午给您送货可以吗？

B：可以。

功能项目 4：说明身份 Explaining one's identity

范 句 Example:

北京市大明电脑公司高小平经理。

练习 Exercises

参照功能项目中的范句，两个同学一组作对话练习
Based on the above examples, make dialogues with your partner

1. 设计一个情景　Suppose a situation.

例：一个人买了一台洗衣机，他让商场给他送货，所以和售货员说一说联系方法和时间。

Example: A man buys a washing machine, and he wants the market to deliver it to his door, so he tells the shop assistant how and when to contact him.

2. 请你们做一个自己的名片，然后和同学互相介绍身份和联系方法。
Make your own name card, then introduce your identity and contact method to each other.

六、语段表达 Narration

请用第三人称复述情景 2 中的内容。
Retell what happened in Scene 2 in the third person.

第十二课
LESSON TWELVE

打 电 话

Making a Telephone Call

对 话
Dialogues

情景 1：艾丽在宿舍里接了一个电话。
Scene 1: Ally receives a phone call in the dormitory.

艾丽：喂，您 好！
Wèi, nín hǎo!

小芳：您 好，请问 黄 明珠 在 吗？
Nín hǎo, qǐngwèn Huáng Míngzhū zài ma?

艾丽：她 不 在，她 有 事 出去 了，您 是 哪 一 位？
Tā bú zài, tā yǒu shì chūqu le, nín shì nǎ yí wèi?

小芳：我 是 她 的 一 个 中国 朋友，我 叫 李 小芳。
Wǒ shì tā de yí ge Zhōngguó péngyou, wǒ jiào Lǐ Xiǎofāng.

艾丽：您 找 她 有 事 吗？
Nín zhǎo tā yǒu shì ma?

小芳：对。您 可以 记 一下 我 的 电话 号码 吗？ 等 明珠 回来，让 她 给 我 回 个 电话。
Duì. Nín kěyǐ jì yíxià wǒ de diànhuà hàomǎ ma? Děng Míngzhū huílai, ràng tā gěi wǒ huí ge diànhuà.

艾丽：行，没 问题。请 等 一下，我 拿 笔 和 纸。好，请 说 吧。
Xíng, méi wèntí. Qǐng děng yíxià, wǒ ná bǐ hé zhǐ. Hǎo, qǐng shuō ba.

小芳：我 的 电话 是：6 2 5 8 2 0 2 0 转 1 3 7。
Wǒ de diànhuà shì：liù èr wǔ bā èr líng èr líng zhuǎn yāo sān qī.

艾丽：好，我 记 下来 了，等 明珠 回来，我 告诉 她。
Hǎo, wǒ jì xiàlai le, děng Míngzhū huílai, wǒ gàosu tā.

小芳：谢谢 您。
Xièxie nín.

艾丽：不 客气。
Bú kèqi.

小芳：再见。
Zàijiàn.

艾丽：再见。
Zàijiàn.

情景 2：黄明珠给李小芳回电话。
Scene 2: Hwang Myeong Ju returns Li Xiaofang's call.

接线员：喂，您 好，兴华 公司。请问 您 要 哪儿？
Wèi, nín hǎo, Xīnghuá Gōngsī. Qǐngwèn nín yào nǎr?

明　珠：您 好，请 转 1 3 7。
Nín hǎo, qǐng zhuǎn yāo sān qī.

接线员：请 稍 等。
Qǐng shāo děng.

明　珠：谢谢。
Xièxie.

接线员：对 不 起，对方 占 线，请 稍 后 再 拨。
Duì bu qǐ, duìfāng zhàn xiàn, qǐng shāo hòu zài bō.

明　珠：好，谢谢。
Hǎo, xièxie.

短文 Text

黄明珠的一个中国朋友李小芳
Huáng Míngzhū de yí ge Zhōngguó péngyou Lǐ Xiǎofāng
给她打了个电话，可是明珠没在家。明珠的
gěi tā dǎle ge diànhuà, kěshì Míngzhū méi zài jiā. Míngzhū de
同屋艾丽接了电话，她记下了李小芳的电话
tóngwū Àilì jiēle diànhuà, tā jìxiàle Lǐ Xiǎofāng de diànhuà
号码。明珠给李小芳回电话的时候，对方
hàomǎ. Míngzhū gěi Lǐ Xiǎofāng huí diànhuà de shíhou, duìfāng
的电话占线，没打通。
de diànhuà zhàn xiàn, měi dǎtōng.

生词 New Words

1. 打(电话)	（动）	dǎ(diànhuà)	to make a call
2. 接	（动）	jiē	to receive; to answer
3. 喂	（叹）	wèi	hello; hey
4. 事	（名）	shì	matter; affair; thing; business
5. 出去		chū qù	to go out

6. 记	(动)	jì	to write down; to record
7. 等	(动)	děng	to wait
8. 回来		huí lái	to come back
9. 回	(动)	huí	to answer; to reply
10. 行	(动)	xíng	to be all right
11. 笔	(名)	bǐ	pen
12. 纸	(名)	zhǐ	paper
13. 转	(动)	zhuǎn	to transfer
14. 下来		xià lái	*used after a verb to indicate the completion or result of an action*
15. 稍	(副)	shāo	a little; slightly
16. 对方	(名)	duìfāng	other party
17. 占线		zhàn xiàn	the line is busy (or engaged)
18. 稍后		shāo hòu	after a while
19. 拨	(动)	bō	to dial
20. 通	(形)	tōng	through

专名 Proper Noun

兴华公司	Xīnghuá Gōngsī	Xinghua Company

注释 Note

"好，我记下来了，等明珠回来，我告诉她。"

"下来"放在动词后，可用作复合趋向补语。有时，它可以表示一些引申的意思，如通过动作使人或事物固定或停留在某处。例如：

"下来" used after a verb can act as a compound complement of direction. Sometimes, it has extended meanings, such as to make sth. settle or remain at a certain place through an action, e.g.

他的名字，我记下来了。

练习 Exercises

一、听与读 Listen and read

1. Ménkǒu yǒu sì zhī shí shīzi.
2. Hénán bú shì Hélán.
3. Lán de háishì nán de?
4. Shì nǚ de bú shì lǚ de.
5. Zhè shì yì duǒ huār.
6. Tā de chēmíng shì Dàfā.

二、根据课文意思，判断句中重读部分

Decide the stress of the following sentences according to the text

1. 您好，请问黄明珠在吗？
2. 她不在，她有事出去了，您是哪一位？
3. 等明珠回来，让她给我回个电话。
4. 请问您要哪儿？
5. 对不起，对方占线，请稍后再拨。

三、组词成句 Arrange the given words into sentences

1. 号码　一下　请　的　我　电话　记　。
2. 电话　您　小王　回　个　我　给　让　。
3. 了　纸　他　和　拿　去　笔　。
4. 一直　电话　的　小张　占线　。
5. 公司　电话　个　不　那　的　通　打　。

四、说出合适的应答句 Give the suitable responses

1. 问：喂，您好，哪一位？
   答：
2. 问：我的同屋不在，您有什么事要我转告(pass on word)吗？
   答：
3. 问：您可以记一下我的电话号码吗？
   答：
4. 问：喂，您好，留学生楼，请问您要哪儿？
   答：
5. 问：你的电话打通了吗？
   答：

五、交际训练 Communication drills

功能项目 1：打电话找人及回答
Asking for someone on the phone and responding

范　句 Example:

A：喂，您好。请问黄明珠在吗？
B：她不在，她有事出去了。

功能项目 2：问打电话的人是谁及回答
Enquiring about the identity of the caller and responding

范　句 Example:

A：您是哪一位？
B：我是她的一个中国朋友，我叫李小芳。

功能项目 3：请接电话的人留言及回答
Asking the receiver to leave a message and responding

范　句 Example:

A：您可以记一下我的电话号码吗？
B：行，没问题。请等一下，我拿笔和纸。

功能项目 4：请总机转分机及回答
Asking the operator for an extension and responding

范　句 Example:

A：喂，您好，兴华公司，请问您要哪儿？
B：您好，请转137。
A：请稍等。
B：谢谢。

功能项目 5：告诉电话不通及回答
Informing the caller the line is busy and responding

范 句 Example:

A：对不起，对方占线，请稍后再拨。

B：好，谢谢。

练习 Exercises

参照功能项目中的范句，两个同学一组作对话练习

Based on the above examples, make dialogues with your partner

1. 设计一个打私人电话的情景 Making a private call
2. 设计一个打单位电话或公司电话的情景

   Calling a company or organization

六、语段表达 Narration

请用第三人称复述情景 2 中的内容。

Retell what happened in Scene 2 in the third person.

第十三课
LESSON THIRTEEN

在银行

At the Bank

对话
Dialogues

情景 1：保罗在中国银行换钱。
Scene 1: Paul is changing money in the Bank of China.

保罗：请问，这儿 可以 用 外汇 换 人民币 吗？
Qǐngwèn, zhèr kěyǐ yòng wàihuì huàn rénmínbì ma?

职员：可以。您 有 美元、英镑 还是 欧元？
Kěyǐ. Nín yǒu měiyuán、yīngbàng háishi ōuyuán?

保罗：我 有 英镑。
Wǒ yǒu yīngbàng.

职员：您 要 换 多少 钱？
Nín yào huàn duōshao qián?

保罗：今天 的 英镑 兑 人民币 的 比价 是 多少？
Jīntiān de yīngbàng duì rénmínbì de bǐjià shì duōshao?

职员：1 ∶ 11 . 7 8。
Yī bǐ shíyī diǎn qī bā。

保罗：我 想 换 二百 英镑。
Wǒ xiǎng huàn èrbǎi yīngbàng.

职员：好，请 您 在 这儿 填 一 张 单子。
Hǎo, qǐng nín zài zhèr tián yì zhāng dānzi.

保罗：好 吧。
Hǎo ba.

情景 2：保罗在银行存钱。
Scene 2: Paul is depositing money at the bank.

保罗：先生，我想存五百英镑。
Xiānsheng, wǒ xiǎng cún wǔbǎi yīngbàng.

职员：您想开哪种账户？
Nín xiǎng kāi nǎ zhǒng zhànghù?

保罗：请问，有几种账户？
Qǐngwèn, yǒu jǐ zhǒng zhànghù?

职员：常见的有活期的和定期的两种。定期的又包括整存整取和零存整取两种。一般，定期的利息要高一些。
Chángjiàn de yǒu huóqī de hé dìngqī de liǎng zhǒng. Dìngqī de yòu bāokuò zhěng cún zhěng qǔ hé líng cún zhěng qǔ liǎng zhǒng. Yìbān, dìngqī de lìxī yào gāo yìxiē.

保罗：好，我要开个半年的定期账户。
Hǎo, wǒ yào kāi ge bàn nián de dìngqī zhànghù.

职员：好，请输入您的密码。
Hǎo, qǐng shūrù nín de mìmǎ.

短文 Text

保罗到中国银行换钱，他要用英镑换人民币。他问英镑对人民币的比价是多少，那个职员告诉了他。保罗要换二百英镑。
Bǎoluó dào Zhōngguó Yínháng huàn qián, tā yào yòng yīngbàng huàn rénmínbì. Tā wèn yīngbàng duì rénmínbì de bǐjià shì duōshao, nàge zhíyuán gàosule tā. Bǎoluó yào huàn èrbǎi yīngbàng.

生 词
New Words

1. 外汇	(名)	wàihuì	foreign exchange
2. 人民币	(名)	rénmínbì	Renminbi
3. 美元	(名)	měiyuán	US dollar
4. 英镑	(名)	yīngbàng	pound; sterling
5. 还是	(连)	háishi	or
6. 欧元	(名)	ōuyuán	Euro
7. 兑	(动)	duì	to exchange
8. 比价	(名)	bǐjià	rate of exchange
9. 存	(动)	cún	to save; to deposit
10. 开(账户)	(动)	kāi(zhànghù)	to open (an account)
11. 账户	(名)	zhànghù	account
12. 常见	(形)	chángjiàn	ordinary; common; normal
13. 活期	(名)	huóqī	current
14. 定期	(名)	dìngqī	regular; fixed
15. 包括	(动)	bāokuò	to include; to consist of
16. 整	(形)	zhěng	whole; complete; full; entire
17. 取	(动)	qǔ	to draw
18. 零	(形)	líng	odd; zero
19. 利息	(名)	lìxi	interest
20. 年	(名)	nián	year
21. 输入	(动)	shūrù	to input
22. 密码	(名)	mìmǎ	code; secret code
23. 职员	(名)	zhíyuán	office worker; staff member

注 释
Notes

1. "您有美元、英镑还是欧元？"

连词"还是"在疑问句里表示选择，这里的"还是"不可以换成"或者"，因为连词"或者"一般只用于陈述句。例如：

The conjunction "还是" used in this interrogative sentence indicates an alternative. Here, "还是" can not be replaced by "或者", because the conjunction "或者" is usually used in a declarative sentence, e.g.

(1) 你今天去还是明天去？
　　* 我今天去或者明天去。

(2) 她是中国人还是日本人？
　　* 她是中国人或者日本人。

2. "今天的英镑兑人民币的比价是多少？"

疑问代词"多少"在句中可以用作宾语。常见的句子结构是：Np+Vt+"多少"。例如：

The interrogative pronoun "多少" can act as the object of a sentence. A common sentence structure is : NP+Vt+多少, e.g.

(1) 这里的包子很好，你吃多少？

(2) 这个人的香蕉很便宜，你看，我们买多少？

3. "常见的有活期的和定期的两种。"

这句话中，"活期的"和"定期的"分别代替了"活期的账户"和"定期的账户"。当"的"字结构中的修饰语是表分类意义的名词时，"的"字结构常常可以代替名词。例如：

In this sentence, "活期的" and "定期的" replace "活期的账户" and "定期的账户", respectively. When the modifier in a "的" phrase denotes a class, the "的" phrase can often be substituted by a noun, e.g.

(1) A：香蕉怎么卖？
　　B：有两块五一斤的，也有三块一斤的。

(2) 羽绒服，黑色的好，白色的不太好。

练习
Exercises

一、听与读 Listen and read

1. Wǒ de dùzi bǎo le.
   Tā de tùzi pǎo le.

2. Xiǎo Wáng hēle kǒu tāng.
   Xiǎo Lǐ wǎng tāng li fàngle diǎnr táng.

3. Mǎi yì bāo yán.
   Mǎi yì bāo yān.

4. Tā yào mǎi bēizi, bú shì bèizi.

5. Érzi xiǎng wǒ háishi xiàng wǒ?

二、用正确的语调读下面的句子，并注意重音

Read the following sentences with correct intonation, paying attention to the stress

1. 请问，这儿可以用外汇换人民币吗？
2. 您有美元、英镑，还是欧元？
3. 今天的英镑对人民币的比价是多少？
4. 您想开哪种账户？
5. 我要开个半年的定期账户。

三、读一读，说一说，下面每组中的句子的语调、重音不同时，句子含义的区别

Read the sentences with different intonation and stress in each group and tell the differences in their meanings

1. 已经十二点了。
   已经十二点了？
   已经十二点了！

2. 王刚明天来。
   王刚明天来。
   王刚明天来。

3. 小李也走了。
   小李也走了。
   小李也走了。

四、说一说下面的句子中的错误并改正过来

Find the errors in the sentences, then correct them

1. 您有美元、英镑或者韩元？
2. 多少今天人民币兑日元的比价？
3. 定期的利息一点儿高。
4. 我想开个账户活期的。
5. 小李要开一半个年的定期账户。

五、交际训练 Communication drills

功能项目 1：换钱 Changing money

1. 询问对方是否可以换钱及回答
Enquiring whether someone wants to change money and responding

范 句 Example:

A：请问，这儿可以用外汇换人民币吗？

B：可以。

2. 问对方拥有的币种及回答
Enquiring what currency someone has and responding

范 句 Example:

A：您有美元、英镑还是欧元？

B：我有英镑。

3. 询问某币种和人民币的比价及回答
Asking about the exchange rate of a currency with RMB and responding

范 句 Example:

A：今天的英镑兑人民币的比价是多少？

B：1:11.78。

4. 问对方换钱的数目及回答
Asking the amount to be exchanged and responding

范 句 Example:

A：你要换多少钱？

B：我想换200英镑。

功能项目 2：存钱 Depositing money

1. 询问对方账户的种类和回答
Asking about the types of account of the bank and responding

范　句　Example:

A：请问，有几种账户？

B：常见的有活期的和定期的两种。

2. 问对方开账户的种类和回答
Asking about the types of account the customer wants and responding

范　句　Example:

A：您想开哪种账户？

B：我要开个半年的定期账户。

练习 Exercises

参照功能项目中的范句，两个同学一组作对话练习
Based on the above examples, make dialogues with your partner

1. 一个同学作去银行取钱的人，另一个同学作银行职员。
   One goes to a bank to withdraw money, and the other is a bank clerk.
2. 一个同学作去银行存钱的人，另一个同学作银行职员。
   One goes to a bank to save money, and the other is a bank clerk.

六、语段表达 Narration

1. 请说说你在中国银行换钱的经历。
   Talk about your experience of exchanging foreign currency in Bank of China.
2. 请说说你在中国的银行存钱的经历。
   Talk about your experience of saving money in Bank of China.
3. 请说一说中国的银行和你们国家的银行不一样的地方。
   Talk about the differences between the banks of China and those in your country.

第十四课
LESSON FOURTEEN

生日

Birthday

对话
Dialogues

情景 1：艾丽和明珠在宿舍里。
Scend 1: Ally and Myeong Ju are in the dormitory.

艾丽：明珠， 你 忙 什么 呢？
Míngzhū, nǐ máng shénme ne?

明珠：下 个 月，我 弟弟 要 过 生日 了，我 打算 送给 他 一份 生日 礼物。
Xià ge yuè, wǒ dìdi yào guò shēngri le, wǒ dǎsuan sònggěi tā yí fèn shēngri lǐwù.

艾丽：你 弟弟 的 生日 是 哪 一 天？
Nǐ dìdi de shēngri shì nǎ yì tiān?

明珠：一九八五 年 九月 十二 日。
Yījiǔbāwǔ nián jiǔyuè shí'èr rì.

艾丽：你 呢？
Nǐ ne?

明珠：一九八三 年 六月 二十七 日。我 比 弟弟 大 两 岁。
Yījiǔbāsān nián liùyuè èrshíqī rì. Wǒ bǐ dìdi dà liǎng suì.

艾丽：真 巧！我 的 生日 是 一九八四 年 六月 三十 日。
Zhēn qiǎo! Wǒ de shēngri shì yījiǔbāsì nián liùyuè sānshí rì.

明珠：好，我 记住 了，以后 我们 一起 过 生日 吧。
Hǎo, wǒ jìzhù le, yǐhòu wǒmen yìqǐ guò shēngri ba.

情景 2: 大卫和金文正在一起聊天。
Scene 2: David and Kim Mun Jeong are chatting.

金文正：大卫，你 知道 吗？下 星期二 是 艾丽 的 生日。
Dàwèi, nǐ zhīdào ma? Xià xīngqī'èr shì Àilì de shēngri.

大 卫：真 的？上 星期二 是 保罗 的 生日。他们 俩 的 生日 只 差 两 个 星期。
Zhēn de? Shàng xīngqī'èr shì Bǎoluó de shēngri. Tāmen liǎ de shēngri zhǐ chà liǎng ge xīngqī.

金文正：你 的 生日 是 几 月 几 号？
Nǐ de shēngri shì jǐ yuè jǐ hào?

大 卫：我 的 生日 是 一九八一 年 四月 三十 日。
Wǒ de shēngri shì yījiǔbāyī nián sìyuè sānshí rì.

金文正：下 个 月？你 不 是 说 你 是 一月 出生 的 吗？
Xià ge yuè? Nǐ bú shì shuō nǐ shì yīyuè chūshēng de ma?

大 卫：你 弄错 了。我 的 女 朋友 是 一月 出生 的。
Nǐ nòngcuò le. Wǒ de nǚ péngyou shì yīyuè chūshēng de.

金文正：看来，咱们 班 春天 出生 的 人 可 真 不 少 啊！我 先 祝 你 生日 快乐！
Kànlái, zánmen bān chūntiān chūshēng de rén kě zhēn bù shǎo a! Wǒ xiān zhù nǐ shēngri kuàilè!

短文 Text

明珠的弟弟下个月要过生日了，明珠
Míngzhū de dìdi xià ge yuè yào guò shēngri le, Míngzhū
准备送给他一份生日礼物。艾丽问明珠
zhǔnbèi sònggěi tā yí fèn shēngri lǐwù. Àilì wèn Míngzhū
的生日是哪一天，明珠告诉艾丽自己的
de shēngri shì nǎ yì tiān, Míngzhū gàosu Àilì zìjǐ de
生日是一九八三年六月二十七日。
shēngri shì yījiǔbāsān nián liùyuè èrshíqī rì.

生词 New Words

1. 生日	(名)	shēngri	birthday
2. 忙	(动)	máng	to be busy about
3. 下	(名)	xià	next
4. 月	(名)	yuè	month
5. 过(生日)	(动)	guò	to celebrate (one's birthday)
6. 送	(动)	sòng	to give
7. 份	(量)	fèn	*measure word*
8. 礼物	(名)	lǐwù	gift; present
9. 岁	(量)	suì	year (of age)
10. 日	(名)	rì	day

11. 比	(介)	bǐ	(*used to compare differences in properties and degrees*) than; (superior or inferior) to
12. 巧	(形)	qiǎo	accidentally; luckily
13. 记住		jì zhù	to remember
14. 一起	(副)	yìqǐ	together
15. 差	(动)	chà	to differ from; to fall short of
16. 不是……吗		búshì……ma	isn't that ...
17. 出生	(动)	chūshēng	to be born
18. 准备	(动)	zhǔnbèi	to prepare; to plan, to intend
19. 弄错		nòng cuò	to make a mistake
20. 女朋友		nǚ péngyou	girlfriend
21. 春天	(名)	chūntiān	spring; springtime
22. 祝	(动)	zhù	to wish
23. 快乐	(形)	kuàilè	cheerful; happy

注释
Notes

1. "明珠，你忙什么呢？"

"呢"可用在有疑问代词问句的后面，表示猜测的语气。例如：

"呢" can be used at the end of a question with an interrogative pronoun to indicate a tone of conjecture, e.g.

(1) 小刘在哪儿呢？

(2) 这是谁的书呢？

2. "我比弟弟大两岁。"

介词"比"表示比较。如果要明确指出两种事物具体的差别时，就在谓语主要成分后边用数量词作补语。例如：

"比" indicates a comparison. The specific differences between two things or people can be expressed by placing a numeral-measure word after the predicate as a complement, e.g.

(1) 他比我小三岁。

(2) 我家比他家多两个人。

3. "我的生日是一九八一年四月三十日。"

在汉语的句子中，表示日期的年、月、日的顺序是从大到小排列的。

In a Chinese sentence, date is expressed in the descending order of the units, i.e., year, month and date.

4. "你不是说你是一月出生的吗？"

如某种情况与已知的情况不相符合，可用"不是……吗？"反问，表示肯定的意思。例如：

When the present situation is not indentical with the known information, the rhetorical question "不是……吗?" is used to emphasize the positive meaning of the sentence, e.g.

(1) 你不是有课吗？（你有课。）

(2) 今天不是他的生日吗？（今天是他的生日。）

练习
Exercises

一、用正确的语调读下面的句子，并注意重音
Read the following sentences with correct intonation, paying attention to the stress

1. 你忙什么呢？
2. 你弟弟的生日是哪一天？
3. 大卫，你知道吗？下星期二是艾丽的生日。
4. 真的？上星期二是保罗的生日，他们俩的生日只差两个星期。
5. 看来咱们班春天出生的人可真不少啊！

二、体会A部分中画线词语的意思，并将B部分中的各句用相似的句式说出来
Transfer the sentences in B to the underlined pattern in A

A: 你不是去过北京吗？
小王不是没来吗？
大家不是在等小张吗？
这本书不是不好看吗？

B: 他去上海了。
小李不高兴。
王刚二十一岁。
这家银行没有外汇。

三、找出下面句子中有错误的句子，并改正过来
Find the errors in the following sentences, then correct them

1. 我送小张给一份礼物。
2. 她比我不大。
3. 小李的生日是下个月，他还不过生日。
4. 保罗二十年岁。
5. 还有一个星期，他要过生日。

四、交际训练 Communication drills

功能项目 1：询问某人的生日的日期及回答 Asking one's birthday and responding

范 句 Example:

A：你的生日是几月几号？
（你的生日是哪一天？）
B：一九八五年九月十二日。

功能项目 2：比较双方的年龄大小 Comparing ages

范 句 Examples:

(1) 我比他大两岁。
(2) 我比他小五个月。

功能项目 3：告诉别人新信息 Giving information to others

范 句 Example:

你知道吗？下星期二是艾丽的生日。

功能项目 4：表示吃惊 Expressing surprise

范 句 Example:

真的？

功能项目 5：表示反问 Expressing retort

范 句 Example:

你不是说你是一月出生的吗？

练习 Exercise

参考功能项目中的范句，两个同学一组作对话练习，互相介绍一下自己的家庭成员的生日和年龄情况。

Based on the above examples, make a dialogue with your partner to introduce the birthdays and ages of your family members to each other.

五、语段表达 Narration

请用第三人称复述情景 2 中的内容。

Retell what happened in Scene 2 in the third person.

六、说一说 Talk about the following topic

简单介绍一下你们国家人们过生日的一些习俗。

Describe briefly how people in your country celebrate their birthdays.

第十五课
LESSON FIFTEEN

在图书馆
In the Library

对话
Dialogues

情景 1：田中幸子在图书馆借书。
Scene 1: Tanaka Sachiko is borrowing books in the library.

田　中：您好！我想借这几本书。
Nín hǎo! Wǒ xiǎng jiè zhè jǐ běn shū.

管理员：请给我您的借书证。
Qǐng gěi wǒ nín de jièshūzhèng.

田　中：给您。
Gěi nín.

管理员：这些书借期是一个月，到期时，还可以续借。
Zhèxiē shū jièqī shì yí ge yuè, dào qī shí, hái kěyǐ xùjiè.

田　中：谢谢，我还想借这些杂志。
Xièxie, wǒ hái xiǎng jiè zhèxiē zázhì.

管理员：杂志只能借一天，明天就得还。
Zázhì zhǐ néng jiè yì tiān, míngtiān jiù děi huán.

田　中：好，我明天一定还。
Hǎo, wǒ míngtiān yídìng huán.

管理员：请您在这儿登记一下。
Qǐng nín zài zhèr dēngjì yíxià.

田　中：好吧。
Hǎo ba.

情景 2：田中幸子在图书馆遇见了张明老师。
Scene 2: Tanaka Sachiko meets Mr. Zhang in the library.

田　中：您 好， 张 老师。
Nín hǎo, Zhāng lǎoshī.

张老师：你 好， 幸子。
Nǐ hǎo, Xìngzǐ.

田　中：您 来 借 书 吗？
Nín lái jiè shū ma?

张老师：不，我 来 阅览室 看看 杂志 和 报纸。你 呢？
Bù, wǒ lái yuèlǎnshì kànkan zázhì hé bàozhǐ. Nǐ ne?

田　中：我 找到了 一 本 有 意思 的 杂志， 想 去 复印 一下。
Wǒ zhǎodàole yì běn yǒu yìsi de zázhì, xiǎng qù fùyìn yíxià.

张老师：复印机 就 在 那边。
Fùyìnjī jiù zài nàbian.

田　中：张 老师， 您 上 次 说 的 那 本 小说， 我 在 图书馆 没 借到。
Zhāng lǎoshī, nín shàng cì shuō de nà běn xiǎoshuō, wǒ zài túshūguǎn méi jièdào.

张老师：书架 上 没有 吗？
Shūjià shang méiyǒu ma?

田　中：没有。
Méiyǒu.

张老师：那 你 可以 向 图书馆 预约 这 本 小说。 找
Nà nǐ kěyǐ xiàng túshūguǎn yùyuē zhè běn xiǎoshuō. Zhǎo

图书 管理员 或者 上 网 预约 都 可以。
túshū guǎnlǐyuán huòzhě shàng wǎng yùyuē dōu kěyǐ.

不过，一定 要 告诉 他们 小说 的 书号 或 名字。
Búguò, yídìng yào gàosu tāmen xiǎoshuō de shūhào huò míngzi.

田 中：知道 了，谢谢 您。
Zhīdào le, xièxie nín.

短文 Text

田中 幸子 今天 去 图书馆 借 书。她 借了 几 本 书，还 有 一些 杂志。图书 管理员 告诉 她 书 可以 借 一 个 月，杂志 只 能 借 一 天。
Tiánzhōng Xìngzǐ jīntiān qù túshūguǎn jiè shū. Tā jièle jǐ běn shū, hái yǒu yìxiē zázhì. Túshū guǎnlǐyuán gàosu tā shū kěyǐ jiè yí ge yuè, zázhì zhǐ néng jiè yì tiān.

生 词
New Words

1. 借	(动)	jiè	to borrow
2. 书	(名)	shū	book
3. 本	(量)	běn	*a measure word for books*
4. 借书证	(名)	jièshūzhèng	library card
5. 这些	(代)	zhèxiē	these
6. 借期	(名)	jièqī	lending period
7. 到期		dào qī	to be due, to expire
8. 续借	(动)	xùjiè	to renew
9. 杂志	(名)	zázhì	magazine
10. 只能	(副)	zhǐnéng	can only
11. 还	(动)	huán	to return
12. 登记	(动)	dēngjì	to register; to enter one's name
13. 遇见		yù jiàn	to meet
14. 阅览室	(名)	yuèlǎnshì	reading room
15. 报纸	(名)	bàozhǐ	newspaper
16. 复印	(动)	fùyìn	to copy
17. 复印机	(名)	fùyìnjī	photocopier
18. 那边	(代)	nàbian	over there
19. 上(一)次		shàng(yí)cì	last time
20. 小说	(名)	xiǎoshuō	novel

21. 预约	(动)	yùyuē	to book, to make an appointment
22. 图书管理员		túshū guǎnlǐyuán	librarian
23. 上网		shàng wǎng	to surf the net
24. 书号	(名)	shūhào	book number

注释 Note

“杂志只能借一天，明天就得还。”

这句话中的“就”用在句中表示加强肯定的语气(格式是：“就”+动)，说明说话人语气坚决或肯定。例如：

In the sentence “就” emphasizes the affirmation (the pattern is “就”+verb), expressing the speaker's firm and affirmative tone, e.g.

(1) 别说了，我就要去那儿。

(2) 上午八点上课，我们七点就得起床。

练 习
Exercises

一、读下边的句子，注意句中停顿和语调
Read the following sentences, paying attention to the pauses and intonation

1. 您好！ 我想借这几本书。
2. 请您在这儿登记一下。
3. 杂志只能借一天，明天就得还。
4. 我来阅览室看看杂志和报纸。
5. 不过，一定要告诉他们小说的书号或名字。

二、根据课文内容判断下边的说法是否正确
Based on the text, decide whether the following statements are true

1. 杂志早上借了，晚上就得还。
2. 张老师来图书馆借一本小说。
3. 田中幸子上网预约了张老师说的那本小说。
4. 田中幸子好像不知道复印机在哪儿。
5. 如果你要续借一本书，一定要告诉图书管理员书的名字或书号。

三、读下面的句子，说一说各句中的"就"的意思
Read the following sentences and explain the meaning of "就" in each sentence

(1) 留学生楼的旁边就是体育馆。
(2) 对不起，你的书过期了，今天就得还。
(3) 你要找的人就是她。
(4) 不说，不说，就不说。
(5) 我没钱了，明天一早就要去银行取钱。

四、读一读，想一想，体会下列句子中"没"的位置不同时，句子含义的区别

Read the following sentences and pay attention to the differences in their meanings when "没" is put in different positions

1. 小王没在阅览室看报纸。
   小王在阅览室没看报纸。

2. 李老师上次说的那本杂志，我在图书馆没借到。
   我没在图书馆借李老师上次说的那本杂志。

五、交际训练 Communication drills

功能项目 1：告诉借书的需要 Asking to borrow a book

范 句 Example:

我想借这几本书。

功能项目 2：向某人要某物 Asking someone for something

范 句 Examples:

（1）请给我您的借书证。

（2）带借书证了吗？

功能项目 3：告诉借书的要求或方法 Giving information on the requirements or methods of borrowing books

范 句 Examples:

（1）这些书的借期是一个月，到期时，还可以续借。

（2）你可以向图书馆预约这本小说，找图书管理员或者上网预约都可以。

功能项目 4：表示必要 Expressing requirements

范　句 Examples:

(1) 杂志只能借一天，明天就得还。

(2) 一定要告诉他们小说的书号或名字。

功能项目 5：询问某人来某地的目的及回答 Enquiring about the purpose of one's visit and responding

范　句 Example:

A：您来借书吗？

B：不，我来阅览室看看杂志和报纸。

练习 Exercises

参照功能项目中的范句，两个同学一组作对话练习

Based on the above examples, make dialogues with your partner

1. 一个人作来图书馆借书和阅览的学生，另一个人作图书管理员。两个人共同设计一两个情景作对话。
   One person is supposed to be a student who comes to the library to borrow and read books, and the other is to be a librarian. Please make dialogues according to different situations.

2. 一个人想上网预约一本小说，另一个人告诉她/他预约的办法，作对话。
   One wants to book a novel through the Internet, and the other tells him or her how to do it.

六、语段表达 Narration

1. 请用第三人称复述情景 2 中的内容。
   Retell what happened in Scene 2 in the third person.

2. 请谈谈你在大学的图书馆借书或还书以及阅览时所需要遵守的一些规定。
   Talk about some of the regulations you should abide by when you borrow, return or read books in the university library.

第十六课
LESSON SIXTEEN

气候、季节

Weather and Seasons

对话
Dialogues

情景 1：王刚和保罗一边走路，一边谈话。
Scene 1: Wang Gang and Paul chat as they walk.

保罗：又 刮 风 了，北京 的 冬天 快 来 了 吧？
Yòu guā fēng le, Běijīng de dōngtiān kuài lái le ba?

王刚：是 啊，天气 预报 说，这 几 天 有 寒流。
Shì a, tiānqì yùbào shuō, zhè jǐ tiān yǒu hánliú.

保罗：北京 的 冬天 冷 不 冷？
Běijīng de dōngtiān lěng bu lěng?

王刚：有点儿 冷。冬天 的 平均 气温 大概 是 零 下 六 七 度 左右。不过，室 内 一般 都 有 暖气，很 暖和。
Yǒudiǎnr lěng. Dōngtiān de píngjūn qìwēn dàgài shì líng xià liù qī dù zuǒyòu. Búguò, shì nèi yìbān dōu yǒu nuǎnqì, hěn nuǎnhuo.

保罗：这儿 的 冬天 经常 下雪 吗？
Zhèr de dōngtiān jīngcháng xià xuě ma?

王刚：不 经常 下 雪。北京 的 冬天 晴天 比较 多，白天 常常 阳光 很 好，只是 风 有点儿 大。
Bù jīngcháng xià xuě. Běijīng de dōngtiān qíngtiān bǐjiào duō, báitiān chángcháng yángguāng hěn hǎo, zhǐshì fēng yǒudiǎnr dà.

情景 2：王刚给保罗看他的照片。
Scene 2: Wang Gang shows Paul his photographs.

保罗：王刚，这是在哪儿拍的照片？
Wáng Gāng, zhè shì zài nǎr pāi de zhàopiàn?

王刚：这是今年夏天，我和几个朋友去青岛时拍的。
Zhè shì jīnnián xiàtiān, wǒ hé jǐ ge péngyou qù Qīngdǎo shí pāi de.

保罗：在青岛拍的？
Zài Qīngdǎo pāi de?

王刚：对，夏天北京比较热，一般七、八月气温都在三十度以上，所以，我常去比较凉快的地方旅行。
Duì, xiàtiān Běijīng bǐjiào rè, yìbān qī、bā yuè qìwēn dōu zài sānshí dù yǐshàng, suǒyǐ, wǒ cháng qù bǐjiào liángkuai de dìfang lǚxíng.

保罗：北京的夏天不下雨吗？
Běijīng de xiàtiān bú xià yǔ ma?

王刚：有时也下雨；一般雷阵雨比较多，所以比较闷热。
Yǒushí yě xià yǔ; yìbān léizhènyǔ bǐjiào duō, suǒyǐ bǐjiào mēnrè.

保罗：北京的春天怎么样？
Běijīng de chūntiān zěnme yàng?

王刚：北京的春天一般从三月左右开始，花开了，草绿了，是外出的好季节。
Běijīng de chūntiān yìbān cóng sānyuè zuǒyòu kāishǐ, huā kāi le, cǎo lǜ le, shì wàichū de hǎo jìjié.

(他们接着看照片。 They see pictures again.)

保罗：这 是 哪儿？ 真 漂亮。
Zhè shì nǎr? Zhēn piàoliang.

王刚：这 是 去年 秋天 我 在 香 山 看 红叶 的 时候 拍 的。
Zhè shì qùnián qiūtiān wǒ zài Xiāng Shān kàn hóngyè de shíhou pāi de.

保罗：听说 秋天 是 北京 最 好 的 季节，对 吗？
Tīngshuō qiūtiān shì Běijīng zuì hǎo de jìjié, duì ma?

王刚：没 错儿。秋天 的 北京 最 美。
Méi cuòr. Qiūtiān de Běijīng zuì měi.

短文 Text

王刚 和 保罗 说到了 北京 的 天气。王刚 觉得 北京 的 夏天 比较 热，所以 他 常 去 凉快 的 地方 旅行。保罗 问 他 春天 怎么样，他 说 是 外出 的 好 季节。两 个 人 都 觉得 秋天 的 北京 最 美。

Wáng Gāng hé Bǎoluó shuōdàole Běijīng de tiānqì. Wáng Gāng juéde Běijīng de xiàtiān bǐjiào rè, suǒyǐ tā cháng qù liángkuai de dìfang lǚxíng. Bǎoluó wèn tā chūntiān zěnmeyàng, tā shuō shì wàichū de hǎo jìjié. Liǎng ge rén dōu juéde qiūtiān de běijīng zuì měi.

生 词
New Words

1. 气候	（名）	qìhòu	climate
2. 季节	（名）	jìjié	season
3. 谈话		tán huà	to talk; to chat
4. 刮风		guā fēng	to blow wind
5. 冬天	（名）	dōngtiān	winter
6. 快	（副）	kuài	soon
7. 天气预报		tiānqì yùbào	weather forecast
8. 寒流	（名）	hánliú	cold current
9. 冷	（形）	lěng	cold
10. 平均	（形）	píngjūn	average
11. 气温	（名）	qìwēn	air temperature
12. 大概	（副）	dàgài	probably
13. 零下		líng xià	below zero
14. 度	（量）	dù	degree
15. 左右	（名）	zuǒyòu	about; around
16. 室内		shì nèi	indoors
17. 暖气	（名）	nuǎnqì	heating
18. 暖和	（形）	nuǎnhuo	warm
19. 经常	（副）	jīngcháng	frequently; regularly; often
20. 下雪		xià xuě	snow
21. 雪	（名）	xuě	to snow
22. 晴天	（名）	qíngtiān	fine day, sunny day

23. 比较	(副)	bǐjiào	comparatively; fairly
24. 阳光	(名)	yángguāng	sunlight
25. 风	(名)	fēng	wind
26. 拍	(动)	pāi	to take (a picture)
27. 今年	(名)	jīnnián	this year
28. 夏天	(名)	xiàtiān	summer
29. 热	(形)	rè	hot
30. 以上	(名)	yǐshàng	more than
31. 凉快	(形)	liángkuai	(pleasantly) cool
32. 旅行	(动)	lǚxíng	to travel; to tour
33. 下雨		xià yǔ	to rain
34. 雨	(名)	yǔ	rain
35. 雷阵雨	(名)	léizhènyǔ	thunderstorm
36. 闷热	(形)	mēnrè	hot and stifling; sultry; muggy
37. 开(花)	(动)	kāi(huā)	to bloom
38. 绿	(形)	lǜ	green
39. 外出	(动)	wàichū	to go outside
40. 接着	(副)	jiēzhe	then
41. 去年	(名)	qùnián	last year
42. 秋天	(名)	qiūtiān	autumn
43. 红叶	(名)	hóngyè	red leaves; autumn leaves
44. 听说	(动)	tīngshuō	it is said that ...
45. 没错儿		méi cuòr	correct; right
46. 美	(形)	měi	pretty; beautiful

专　名　Proper Nouns

1. 青岛　Qīngdǎo　Qingdao (*name of a city in Shandong Province*)
2. 香山　Xiāng Shān　Fragrant Hill (*name of a mountain in Beijing*)

注　释 Notes

1. "又刮风了,北京的冬天快来了吧?"

副词"又"放在句子中动词的前边作状语,可以表示动作或情况的重复。它和副词"再"的用法上的区别在于:"再"一般表示动作或情况还未重复;"又"一般表示动作或情况已经重复。例如:

The adverb "又" can be used before a verb to indicate repetition of an action or a state of affairs. The adverbs "再" and "又" differ in that "再" indicates an action is to be repeated in the future while "又" usually refers to an action that has already been repeated, e.g.

(1) 上海很漂亮,我明年还要再去。
(2) 小王又去上海了。

2. "北京的春天一般从三月左右开始,花开了,草绿了,是外出的好季节。"

汉语中,语气助词"了"用在句尾还可以表示变化。例如:

In Chinese, the modal particle "了" used at the end of a sentence can imply a change of state, e.g.

(1) 衣服小了。
(2) 下雨了。
(3) 小孩儿高兴了。

练 习
Exercises

一、读下面的句子，注意重音
Read the following sentences, paying attention to the stress

1. 又刮风了，北京的冬天快来了吧？
2. 这儿的冬天经常下雪吗？
3. 在青岛拍的？
4. 北京的春天一般从三月左右开始，花开了，草绿了，是外出的好季节。
5. 秋天的北京最美。

二、根据你自己的情况，完成下面的对话
Complete the following dialogues according to your own situation

1. 北京冬天的天气和你家乡冬天的天气比，怎么样？
   答：
2. 你家乡的夏天热不热？
   答：
3. 你家乡的春天天气怎么样？
   答：
4. 你喜欢北京的秋天吗？（请说明原因）
   答：

三、下面的句子中，有些句子说错了，请你改正过来，并说说原因
Correct the errors in the following sentences and explain the reasons

1. 你早上没吃饭，又吃一个包子吧。
2. 昨天的天气预报说今天的最高气温是三十度八。
3. 你不是说青岛的夏天常下雨吗？
4. 小王，上海的夏天热或者不热？
5. 香山真美，我明年秋天一定又去。

四、下面的话，你能说得简单点吗？
Can you simplify the following sentences?

1. 如果你有问题，就可以问我。

2. A: 这是在哪儿拍的照片？
   B: 这是我去美国旅行时拍的照片。

3. A: 上海的冬天不下雪吗？
   B: 有时，上海的冬天也下雪。

4. A: 听说小张病了，你去看他了吗？
   B: 我已经去看过他了。

五、交际训练 Communication drills

功能项目1：表示推测 Indicating conjecture

范 句 Example:

又刮风了，北京的冬天快来了吧？

功能项目 2：表示赞同 Indicating agreement

范 句 Example:

是啊，天气预报说，这几天有寒流。

功能项目 3：询问有无某种天气情况及回答
Asking about weather conditions and responding

范 句 Example:

A：北京的冬天冷不冷？

B：有点儿冷。

功能项目 4：询问某个季节的天气情况及回答
Asking about the weather in different seasons and responding

范 句 Examples:

(1) A：这儿的冬天经常下雪吗？
    B：不经常下雪。

(2) A：北京的夏天不下雨吗？
    B：有时也下雨。

(3) A：北京的春天怎么样？
    B：北京的春天一般从三月左右开始，花开了，草绿了，是外出的好季节。

功能项目 5：询问对方自己的判断是否正确
Confirming one's judgement

范 句 Example:

A：秋天是北京最好的季节，对吗？

B：没错儿，秋天的北京最美。

练习 Exercises

参照功能项目中的范句，两个同学一组作对话练习

Based on the above examples, make dialogues with your partner

1. 互相询问和介绍一下自己家乡的不同季节的天气情况。

   Asking and describing the weather in different seasons in your hometowns.

2. 谈一下自己家乡四季的天气和北京的相同或不同的地方。

   Talking about the similarities and the differences in the weather of four seasons in your hometowns and in Beijing.

六、语段表达 Narration

1. 请用第三人称复述情景 1 和情景 2 中的内容。

   Retell what happened in scenes 1 and 2 in the third person.

2. 你对北京的天气习惯吗？请谈一谈。

   Are you accustomed to the weather in Beijing?

第十七课
LESSON SEVENTEEN

在邮局

At the Post Office

对话
Dialogues

情景1：艾丽在邮局。
Scene 1: Ally is at the post office.

职员：小姐，您好。
Xiǎojie, nín hǎo.

艾丽：您好，我想寄几封信。
Nín hǎo, wǒ xiǎng jì jǐ fēng xìn.

职员：都是寄往国外吗？
Dōu shì jìwǎng guówài ma?

艾丽：不都是，一封是寄到本市的，一封是寄到上海的，还有两封是寄到美国和加拿大的。您看信封上地址的格式对吗？
Bù dōu shì, yì fēng shì jìdào běnshì de, yì fēng shì jìdào Shànghǎi de, hái yǒu liǎng fēng shì jìdào Měiguó hé Jiānádà de. Nín kàn xìnfēng shang dìzhǐ de géshi duì ma?

职员：寄到本市和上海的这两封，要在信封的左上角写上收信人的邮政编码。
Jìdào běnshì hé Shànghǎi de zhè liǎng fēng, yào zài xìnfēng de zuǒshàngjiǎo xiěshang shōuxìnrén de yóuzhèng biānmǎ.

艾丽：好 的，我 来 填 一下。（填好 后）您 看， 这样 可以 了 吧？
Hǎo de, wǒ lái tián yíxià. (Tiánhǎo hòu) Nín kàn, zhèyàng kěyǐ le ba?

职员：可以 了。请 放在 秤 上 称 一下 重量。（称完）这 封 寄到 美国 的 超 重 了。
Kěyǐ le. Qǐng fàngzài chèng shang chēng yíxià zhòngliàng. (Chēngwán) Zhè fēng jìdào Měiguó de chāo zhòng le.

艾丽：一共 多少 钱？
Yígòng duōshao qián?

职员：寄到 本市 的 是 六 毛 钱， 寄到 上海 的 是 八 毛 钱，寄到 加拿大 的 是 五 块 五 毛 钱， 美国 的 这 封 是 十二 块 五 毛 钱， 一共 是 十九 块 四 毛 钱。
Jìdào běnshì de shì liù máo qián, jìdào Shànghǎi de shì bā máo qián, jìdào Jiānádà de shì wǔ kuài wǔ máo qián, Měiguó de zhè fēng shì shí'èr kuài wǔ máo qián, yígòng shì shíjiǔ kuài sì máo qián.

艾丽：给 您 钱。
Gěi nín qián.

职员：谢谢。寄到 国内 的 信， 请 您 贴上 邮票， 投进 信箱 就 可以 了。寄往 国外 的 这 两 封， 可以 放在 我 这里，我 来 帮 您 寄。
Xièxie. Jìdào guónèi de xìn, qǐng nín tiēshang yóupiào, tóujìn xìnxiāng jiù kěyǐ le. Jìwǎng guówài de zhè liǎng fēng, kěyǐ fàngzài wǒ zhèlǐ, wǒ lái bāng nín jì.

艾丽：请问， 寄到 国外 的 信，几 天 能 到？
Qǐngwèn, jìdào guówài de xìn, jǐ tiān néng dào?

职员：大概 一 个 星期 吧。
Dàgài yí ge xīngqī ba.

情景 2：大卫到邮局寄包裹。
Scene 2: David goes to the post office to mail a parcel.

职员：先生，您好。
Xiānsheng, nín hǎo.

大卫：您好，我想寄包裹。
Nín hǎo, wǒ xiǎng jì bāoguǒ.

职员：请问您要寄什么东西？
Qǐngwèn nín yào jì shénme dōngxi?

大卫：我想给我家里人寄圣诞礼物。
Wǒ xiǎng gěi wǒ jiā li rén jì Shèngdàn lǐwù.

职员：请问，您寄到哪儿？
Qǐngwèn, nín jìdào nǎr?

大卫：法国。
Fǎguó.

职员：好，请您先买一个纸箱，装好包裹后，称一下重量。
Hǎo, qǐng nín xiān mǎi yí ge zhǐxiāng, zhuānghǎo bāoguǒ hòu, chēng yíxià zhòngliàng.

大卫：（装好后）给您。请问，寄到法国，五天能到吗？
(Zhuānghǎo hòu) Gěi nín. Qǐngwèn, jìdào Fǎguó, wǔ tiān néng dào ma?

职员：可能到不了。您要是着急，可以寄特快专递，三天左右能到，不过要贵一点儿。
Kěnéng dào bu liǎo. Nín yàoshi zháo jí, kěyǐ jì tèkuài zhuāndì, sān tiān zuǒyòu néng dào, búguò yào guì yìdiǎnr.

大卫：多少　　钱？
　　　Duōshao qián?

职员：我 来 称 一下…… 大概 要 三 百 多 块 吧。
　　　Wǒ lái chēng yíxià…… dàgài yào sān bǎi duō kuài ba.

大卫：好 吧，就 寄 特快 专递 吧。
　　　Hǎo ba, jiù jì tèkuài zhuāndì ba.

短文 Text

大卫　想 给 家 里 人 寄 包裹。邮局 的 人 问 他
Dàwèi xiǎng gěi jiā li rén jì bāoguǒ. Yóujú de rén wèn tā

寄 什么　东西，他 说 寄　圣诞　礼物。他 问 邮局
jì shénme dōngxi, tā shuō jì Shèngdàn lǐwù. Tā wèn yóujú

的 人，寄 包裹 到 法国 五 天 能 不 能 到，邮局
de rén, jì bāoguǒ dào Fǎguó wǔ tiān néng bu néng dào, yóujú

的 人 说 可能 到 不 了。最后，大卫 选择了 寄
de rén shuō kěnéng dào bu liǎo. Zuìhòu, Dàwèi xuǎnzéle jì

特快　专递。
tèkuài zhuāndì.

生 词
New Words

1.	寄	(动)	jì	to send; to post; to mail
2.	封	(量)	fēng	*a measure word* for letters
3.	信	(名)	xìn	letter
4.	国外	(名)	guówài	overseas; abroad
5.	本市		běn shì	this city
6.	信封	(名)	xìnfēng	envelope
7.	格式	(名)	géshi	form; pattern
8.	角	(名)	jiǎo	*jiao, equal to one-tenth of a yuan*
9.	写	(动)	xiě	to write
10.	收信人	(名)	shōuxìnrén	the person who receives the letter
11.	邮政编码		yóuzhèng biānmǎ	post code
12.	这样	(代)	zhèyàng	such; so; like this; this way
13.	放	(动)	fàng	to put; to place
14.	秤	(名)	chèng	balance; steelyard
15.	重量	(名)	zhòngliàng	weight
16.	完	(动)	wán	to finish
17.	超重		chāo zhòng	overweight
18.	国内	(名)	guónèi	internal; domestic

19. 贴	(动)	tiē	to paste; to stick; to glue
20. 邮票	(名)	yóupiào	postage stamp; stamp
21. 投	(动)	tóu	to put in
22. 这里	(代)	zhèlǐ	here
23. 包裹	(名)	bāoguǒ	bundle; package; parcel
24. 家里人		jiā li rén	family member
25. 圣诞	(名)	shèngdàn	Christmas
26. 纸箱	(名)	zhǐxiāng	cardboard box
27. 装	(动)	zhuāng	to put
28. 可能	(副)	kěnéng	perhaps; probably
29. 要是	(连)	yàoshi	if; suppose
30. 着急		zháo jí	worried; anxious
31. 特快专递		tèkuài zhuāndì	express mail service (EMS)
32. 最后	(名)	zuìhòu	at last
33. 选择	(动)	xuǎnzé	to select; to make a choice

专　名　Proper Nouns

1. 上海	Shànghǎi	Shanghai
2. 美国	Měiguó	the United States of America
3. 加拿大	Jiānádà	Canada

注释
Notes

1. “都是寄往国外吗？”
“不都是，……”

副词“不”和副词“都”连用时，“不”的位置可以在“都”的前边或后边，但表示的意义不一样。当“不”在“都”的前边时，指整体中的每一个不完全一样；当“不”在“都”的后边时，指整体中的每一个完全一样。例如：

When the adverb “不” comes in front of “都”, it means that not all the people or things in the same group are the same. When “不” comes after “都”, it means that all the people or things in the same group are the same, e.g.

(1) 他们不都是中国人，有的是日本人，有的是韩国人。

(2) 他们都不是中国人，他们是留学生。

2. “寄到国内的信，请您贴上邮票，投进信箱就可以了。”

这句话中的“贴上邮票”中的“上”和“投进信箱”中的“进”，都是表示方向的动词，分别用在动词“贴”和“投”的后面，作它们的补语，补充说明动作的方向，这种补语叫趋向补语。常用的趋向补语有“来”“去”和“上”“下”“进”“出”“回”“过”“起”等。例如：

In this sentence, “上” in “贴上邮票” and “进” in “投进信箱” are directional verbs, used respectively after the verbs “贴” and “投” as their complements to tell the directions of the actions, which are called complements of direction. The common directional verbs include “上”, “下”, “进”, “出”, “回”, “过” and “起”, e.g.

(1) 她买来一本书。

(2) 小王出去了。

3. "一封是寄到本市的，一封是寄到上海的，还有两封是寄到美国和加拿大的。"

"寄往国外的这两封，可以放在我这里，我来帮您寄。"

"到""在"是动词，放在别的动词后面，可作结果补语。"到"作结果补语，后面有表明处所的词语，可以表示动作达到某一点。"在"作结果补语说明人或事物通过某一动作以后而存在于某处。"在"的后面必须有表示处所的词语作动词的宾语。例如：

"到" and "在" are verbs; they can be put after other verbs, acting as a resultative complement. When "到" functions as a resultative complement, followed by a word of location, it indicates that the action reaches a certain point. "在" as a resultative complement denotes the position of a person or thing as a result of an action. "在" must be followed by a word of location which functions as the object of the verb, e.g.

(1) 我回到北京，就去找你。

(2) 大卫坐在幸子的旁边。

4. "请您先买一个纸箱，装好包裹后，称一下重量。"

在这句话里，形容词"好"作动词"装"的结果补语，表示动作达到完善的地步。形容词"好"是较为常见的结果补语之一。例如：

In this sentence, the adjective "好" serves as the resultative complement of "装" to indicate the desired state of an action. The adjective "好" is a common complement of result, e.g.

(1) 你买好东西了吗？

(2) 小王写好信了。

5. "请问，寄到法国，五天能到吗？"

"可能到不了"。

可能补语是用来补充说明动作进行或实现的可能性的。它的肯定形式是：V+得+结果补语或趋向补语。否定形式是用"不"代替"得"。"可能到不了"中的"到不了"就是可能补语的否定式。例如：

The potential complement indicates the possibility of an action taking place or being realized. The affirmative form of it is V+得+ a resultative or directional complement. And the negative form of it is V+不+ a resultative or directional complement. In the sentence of “可能到不了”, “到不了” is the negative form of the potential complement, e.g.

(1) 这封信三天寄得到上海。

(2) A：这封信三天寄得到上海吗？
B：寄不到。

练习 Exercises

一、读下面的句子，找出重音部分
Read the following sentences, ascertaining which parts to stress

1. 都是寄往国外吗？
2. 您看信封上地址的格式对吗？
3. 这封寄到美国的超重了。
4. 请问，寄到法国，五天能到吗？
5. 我来称一下……大概要三百多块吧。

二、读一读下面的句子，体会各句中画线词的意思
Read the following sentences, and try to understand the meanings of the underlined words

1. 小王去过香山<u>了</u>。
小李一个人吃不<u>了</u>这些水果。

2. 大卫不想去打球了，他说<u>得</u>复习汉语。
金文正在中国过<u>得</u>不错。

三、改正下面句子中的错误，然后读一读
Correct the errors in the following sentences and read them out

1. 都我的同学汉语水平进步得很快。
2. 上海人都不会说上海话。
3. 这个包裹到日本寄要十天吗？
4. 你应该在信封左上角写邮政编码上。
5. 那个纸箱坏了，不装包裹。
6. 我没有笔，不写地址。

四、下面的这段对话，你能说得简单点吗？
Can you simplify the following dialogue?

A: 您好，我想寄几封信。

B: 都是寄往国外吗？

A: 不都是，一封信是寄到本市的，一封信是寄到上海的。还有两封信是寄到美国和加拿大的。

B: 请放在秤上称一下重量。(称完)这封寄到美国的信超重了。

A: 一共多少钱？

B: 寄到本市的信是六毛钱，寄到上海的信是八毛钱，寄到加拿大的信是五块五毛钱，寄到美国的这封信是十二块五毛钱，一共是十九块四毛钱。

五、交际训练 Communication drills

功能项目 1：告诉对方自己的邮寄要求
Explaining one's postal requirements

范 句 Examples:

(1) 您好，我想寄几封信。
(2) 一封是寄到本市的，一封是寄到上海的，还有两封是寄到美国和加拿大的。

功能项目 2：询问对方的邮寄地址及回答
Enquiring about a postal address and responding

范 句 Examples:

(1) A：都是寄往国外吗？
B：不都是。

(2) A：请问，您寄到哪儿？
B：法国。

功能项目 3：询问对方邮寄的东西及回答
Enquiring about the postal items and responding

范 句 Example:

A：请问您要寄什么东西？
B：我想给我家里人寄圣诞礼物。

功能项目 4：询问邮寄到某地的信和包裹所需要的时间及回答
Enquiring about the time needed for posting a letter or a parcel to a destination and responding

范 句 Examples:

(1) A：请问，寄到国外的信，几天能到？
B：大概一个星期吧。

(2) A：请问，寄到法国，五天能到吗？
B：可能到不了。

功能项目 5：告诉别人邮资的种类
Giving information on postal charges

范 句 Example:

寄到本市的是四毛钱，寄到上海的是八毛钱。

功能项目 6：告诉别人邮寄的方法
Giving information on postal methods

范 句 Examples:

(1) 寄到国内的信，请您贴上邮票，投进信箱就可以了。

(2) 您要是着急，可以寄特快专递，三天左右能到。

练习 Exercises

参照功能项目中的范句，两个同学一组作对话练习

Based on the above examples, make dialogues with your partner

1. 一个人作去邮局寄信的人，另一个人作邮局的职员。

   One goes to a post office to mail letters, and the other is a clerk of the post office.

2. 一个人作去邮局寄包裹的人，另一个人作邮局的职员。

   One goes to a post office to mail parcels, and the other is a clerk of the post office.

六、语段表达 Narration

1. 复述情景 1 中的内容。

   Retell what happened in Scene 1 in the third person.

2. 说说你在中国的邮局寄东西的经历。

   Talk about your experience of mailing letters or parcels in a Chinese post office.

第十八课
LESSON EIGHTEEN

身材、长相

Stature and Appearance

对话
Dialogues

情景1：艾丽在宿舍，黄明珠从外边回来了。
Scene 1: Ally is in the dormitory when Hwang Myeong Ju comes back.

明珠：艾丽，看书呢？
Àilì, kàn shū ne?

艾丽：哎。你回来了。
Āi. Nǐ huílai le.

明珠：我今天在书店里碰见一个中国人，他说认识你。
Wǒ jīntiān zài shūdiàn li pèngjiàn yí ge Zhōngguórén, tā shuō rènshi nǐ.

艾丽：男的女的？
Nán de nǚ de?

明珠：男的。
Nán de.

艾丽：他叫什么？
Tā jiào shénme?

明珠：糟糕，我忘了。
Zāogāo, wǒ wàng le.

艾丽：他 长 得 什么 样儿？
Tā zhǎng de shénme yàngr?

明珠：挺 年轻 的，大概 二十 岁 出 头。圆 脸，大 眼睛，小 平头。个子 比较 高，有 一 米 七 八 左右。有点儿 瘦。
Tǐng niánqīng de, dàgài èrshí suì chū tóu. Yuán liǎn, dà yǎnjing, xiǎo píngtóu. Gèzi bǐjiào gāo, yǒu yī mǐ qī bā zuǒyòu. Yǒudiǎnr shòu.

艾丽：戴 眼镜 吗？
Dài yǎnjìng ma?

明珠：不 戴。
Bú dài.

艾丽：我 知道 了，可能 是 王 刚 的 弟弟，王 强。
Wǒ zhīdào le, kěnéng shì Wáng Gāng de dìdi, Wáng Qiáng.

情景 2：黄明珠到田中幸子的宿舍里玩。
Scene 2: Hwang Myeong Ju goes to see Tanaka Sachiko in her dormitory.

明珠：幸子，你 今天 晚上 又 不 吃 饭 了？
Xìngzǐ, nǐ jīntiān wǎnshang yòu bù chī fàn le?

田中：对，我 这 几 天 晚上 只 吃 水果。
Duì, wǒ zhè jǐ tiān wǎnshang zhǐ chī shuǐguǒ.

明珠：为 什么？
Wèi shénme?

田中：我 觉得 来 中国 以后，胖了 很 多，我 要 减 肥。
Wǒ juéde lái Zhōngguó yǐhòu, pàngle hěn duō, wǒ yào jiǎn féi.

明珠：你 有 多 高？
Nǐ yǒu duō gāo?

田中：一米六三。
Yī mǐ liù sān.

明珠：体重呢？
Tǐzhòng ne?

田中：五十八公斤。
Wǔshíbā gōngjīn.

明珠：不算胖啊。
Bú suàn pàng a.

田中：我给你看一张我来中国以前的照片。
Wǒ gěi nǐ kàn yì zhāng wǒ lái Zhōngguó yǐqián de zhàopiàn.

明珠：（看照片）哎呀，真苗条！
(Kàn zhàopiàn) Āiyā, zhēn miáotiao!

短文 Text

幸子这几天晚上只吃水果，明珠问她为什么不吃晚饭，幸子说她要减肥。明珠问了幸子的身高和体重，觉得她不算胖。幸子给明珠看了她来中国以前的照片，明珠觉得以前的幸子真的很苗条。

Xìngzǐ zhè jǐ tiān wǎnshang zhǐ chī shuǐguǒ, Míngzhū wèn tā wèi shénme bù chī wǎnfàn, Xìngzǐ shuō tā yào jiǎn féi. Míngzhū wènle Xìngzǐ de shēngāo hé tǐzhòng, juéde tā bú suàn pàng. Xìngzǐ gěi Míngzhū kànle tā lái Zhōngguó yǐqián de zhàopiàn, Míngzhū juéde yǐqián de Xìngzǐ zhēn de hěn miáotiao.

生 词
New Words

1. 身材	（名）	shēncái	stature; figure; build
2. 长相	（名）	zhǎngxiàng	features; appearance
3. 外边	（名）	wàibian	outside
4. 哎	（叹）	āi	*showing surprise or disapproval*
5. 书店	（名）	shūdiàn	bookshop; bookstore
6. 碰见		pèng jiàn	to meet unexpectedly; to run into
7. 糟糕	（形）	zāogāo	terrible; awful
8. 忘	（动）	wàng	to forget
9. 年轻	（形）	niánqīng	young
10. 出头		chū tóu	a little over; odd
11. 圆	（形）	yuán	round; circular
12. 脸	（名）	liǎn	face
13. 眼睛	（名）	yǎnjing	eye
14. 平头	（名）	píngtóu	closely cropped hair
15. 个子	（名）	gèzi	height; stature; build
16. 米	（量）	mǐ	metre
17. 瘦	（形）	shòu	thin

18. 戴	（动）	dài	to put on; to wear
19. 眼镜	（名）	yǎnjìng	glasses; spectacles
20. 为什么		wèi shénme	why
21. 胖	（形）	pàng	fat; stout; plump
22. 减肥		jiǎn féi	to slim; to diet; to lose weight
23. 体重	（名）	tǐzhòng	(body) weight
24. 公斤	（量）	gōngjīn	kilogram
25. 算	（动）	suàn	to consider; to regard as; to count as
26. 以前	（名）	yǐqián	before; formerly; previously
27. 哎呀	（叹）	āiyā	*a particle*
28. 苗条	（形）	miáotiao	(of a woman) slender; slim

专　名　Proper Noun

王强	Wáng Qiáng	Wang Qiang (*name of a Chinese person*)

注释
Notes

1. “他长得什么样儿？”

汉语句子中，在动词或形容词后边补充说明动作进行的程度、情态的词和短语叫程度补语。这句话中，“长得什么样儿？”中的“什么样儿”就是程度短语。例如：

In a Chinese sentence, a word or phrase which follows a verb or adjective to indicate the degree or manner of an action is called a complement of degree. In this sentence, “什么样儿” in “长得什么样儿” is a complement of degree, e.g.

(1) 我们玩儿得很好。

(2) 小刘睡得早，起得晚。

2. “我给你看一张我来中国以前的照片。”“哎呀，真苗条！”

“哎呀”是叹词，表示惊讶。例如：

“哎呀” is an interjection indicating surprise, e.g.

(1) 哎呀，我的书包没了！

(2) 哎呀，这个地方真漂亮！

练习
Exercises

一、读下面的句子，注意重音
Read the following sentences, paying attention to the stress

1. 我今天在书店里碰见一个中国人，他说认识你。
2. 男的女的？
3. 挺年轻的，大概二十岁出头。 圆脸，大眼睛，小平头。
4. 幸子，你今天晚上又不吃饭了？
5. 对，我这几天晚上只吃水果。

二、下面这段话里，有些错误，请你改正一下并读一读
Correct the errors in the following paragraph and read it out

我今天在邮局见面一个男人，他说认识我。他二十多岁，个子高一点儿，带一双眼镜，很苗条。我想一想，可能他是朋友的弟弟。

三、根据课文的内容用自己的话回答下面的问题
Use your own words to answer the questions based on the text

1. 明珠知道她碰见的那个中国人叫什么吗？
2. 明珠碰见的那个中国人是男的，长得挺年轻，个子不太高，头发比较长，对吗？
3. 艾丽知道明珠碰见的那个中国人是谁吗？
4. 幸子这几天晚饭吃得多吗？为什么？
5. 来中国以前，幸子长得什么样儿？

四、交际训练 Communication drills

功能项目1：打招呼 Greetings

范 句 Example:

A：艾丽，看书呢。
B：哎，你回来了。

功能项目2：表示后悔 Expressing regret

范 句 Example:

糟糕，我忘了。

功能项目 3：询问某人的长相及回答
Asking about one's appearance and responding

范　句　Example:

A：他长得什么样儿？

B：挺年轻的，大概二十岁出头。圆脸，大眼睛，小平头。

功能项目 4：询问某人的特征及回答
Asking about one's characteristics and responding

范　句　Example:

A：戴眼镜吗？

B：不戴。

功能项目 5：询问某人的身高、体重及回答
Asking about one's height and weight and responding

范　句　Example:

A：你有多高？

B：一米六三。

A：体重呢？

B：五十八公斤。

功能项目 6：表示吃惊　Expressing surprise

范　句　Example:

哎呀，真苗条！

练习 Exercises

参照功能项目中的范句，两个人一组作对话练习

Based on the above examples, make dialogues with your partner

1. 互相向对方介绍你的一个朋友的长相。

   Each of you introduces a friend's features to the other.

2. 找一些人物漫画，互相介绍一下儿漫画上人物的长相和身材。

   Find some cartoon figures and describe their stature and appearance.

五、做一个游戏：猜猜她/他是谁 Guessing game

让一个同学坐在教室前头的一把椅子上，背对着黑板；另一个同学在黑板上写班里一位同学或一位名人的名字。然后，让背对着黑板的那位同学猜一猜黑板上是谁的名字。猜的时候，这位同学可以不断向别的同学问关于这个人的长相的问题，让别的同学回答。

One student sits with her/ his back to the blackboard, another writes the name of a classmate or well-known person. Ask the former to guess the name on the blackboard. He/she may ask questions about the appearance of the person, trying to work out who he/she is.

六、语段表达 Narration

复述情景 1 中的内容。

Retell what happened in Scene 1.

第十九课
LESSON NINETEEN

看 病

Seeing a Doctor

对话
Dialogues

情景 1：黄明珠中午下课回来，发现艾丽还躺在床上。
Scene 1: When Hwang Myeong Ju returns at noon after class, she finds Ally is still in bed.

明珠：艾丽，都 中午 了，你 怎么 还 不 起 床？
Àilì, dōu zhōngwǔ le, nǐ zěnme hái bù qǐ chuáng?

艾丽：我 今天 身体 不 太 舒服。
Wǒ jīntiān shēntǐ bú tài shūfu.

明珠：你 哪儿 不 舒服？
Nǐ nǎr bù shūfu?

艾丽：我 头 痛，嗓子 也 疼，可能 是 感冒 了。
Wǒ tóu tòng, sǎngzi yě téng, kěnéng shì gǎnmào le.

明珠：你 发 烧 不 发 烧？
Nǐ fā shāo bù fā shāo?

艾丽：我 也 不 知道，只是 觉得 全 身 都 没有 力气。
Wǒ yě bù zhīdào, zhǐshì juéde quán shēn dōu méiyǒu lìqi.

明珠：我 有 体温表，我 帮 你 量 一下 体温 吧。
Wǒ yǒu tǐwēnbiǎo, wǒ bāng nǐ liáng yíxià tǐwēn ba.

艾丽：好 吧。
Hǎo ba.

（明珠帮艾丽量体温以后，看体温表。After helping Aili measure her temperature, Mingzhu looks at the thermometer.）

艾丽：多少 度？
Duōshao dù?

明珠：三十八 度 七，不 低 呀。艾丽，你还是 去 看看 医生 吧，我 陪 你 一起 去。
Sānshíbā dù qī, bù dī ya. Àilì, nǐ háishi qù kànkan yīshēng ba, wǒ péi nǐ yìqǐ qù.

艾丽：好 吧，谢谢 你。
Hǎo ba, xièxie nǐ.

情景 2：黄明珠陪艾丽在校医院看病。
Scene 2: Hwang Myeong Ju accompanies Ally to the university clinic to see a doctor.

（在门诊部挂号处 At the registration office of the outpatient department）

艾丽：您 好！我 挂 内科，我 的 病历号 是 2 6 3 8 1。
Nín hǎo! Wǒ guà nèikē, wǒ de bìnglìhào shì èr liù sān bā yāo.

护士：好，一 块 钱。
Hǎo, yí kuài qián.

艾丽：给 您。
Gěi nín.

护士：这 是 您 的 病历 和 门诊号，请 拿好。
Zhè shì nín de bìnglì hé ménzhěnhào, qǐng náhǎo.

（在内科 In the department of internal medicine）

大夫：好，下 一 位。
Hǎo, xià yí wèi.

艾丽：大夫，您 好。
Dàifu, nín hǎo.

大夫：请问，你哪儿不舒服？
Qǐngwèn, nǐ nǎr bù shūfu?

艾丽：我头痛，嗓子也疼，也有些发烧。
Wǒ tóu tòng, sǎngzi yě téng, yě yǒuxiē fā shāo.

大夫：你量过体温了吗？
Nǐ liángguo tǐwēn le ma?

艾丽：量过了，三十八度七。
Liángguo le, sānshíbā dù qī.

大夫：你觉得不舒服有几天了？
Nǐ juéde bù shūfu yǒu jǐ tiān le?

艾丽：从昨天开始的，有两天了。
Cóng zuótiān kāishǐ de, yǒu liǎng tiān le.

大夫：好，我来给你检查一下。
Hǎo, wǒ lái gěi nǐ jiǎnchá yíxià.

（检查完以后 After the examination）

大夫：你得了流感。我给你开些药吧。请问，你对什么药过敏？
Nǐ déle liúgǎn. Wǒ gěi nǐ kāi xiē yào ba. Qǐngwèn, nǐ duì shénme yào guòmǐn?

艾丽：我对药不过敏。
Wǒ duì yào bú guòmǐn.

大夫：好，我给你开了两种药。这种药片，每天吃三次，一次吃四片。这种口服液每天喝两次，一次喝三小瓶。这几天，你要多休息，多喝点儿开水。这是处方，你可以去药房取药了。
Hǎo, wǒ gěi nǐ kāile liǎng zhǒng yào. Zhè zhǒng yàopiàn, měi tiān chī sān cì, yí cì chī sì piàn. Zhè zhǒng kǒufúyè měi tiān hē liǎng cì, yí cì hē sān xiǎo píng. Zhè jǐ tiān, nǐ yào duō xiūxi, duō hē diǎnr kāishuǐ. Zhè shì chǔfāng, nǐ kěyǐ qù yàofáng qǔ yào le.

短文 Text

艾丽 这 两 天 生 病 了。明珠 陪 她 去
Àilì zhè liǎng tiān shēng bìng le. Míngzhū péi tā qù
医院 看 病。艾丽 先 在 挂号处 挂 号，然后 去
yīyuàn kàn bìng. Àilì xiān zài guàhàochù guà hào, ránhòu qù
看 内科。大夫 说 她 得了 流感，给 她 开了 药，还 让
kàn nèikē. Dàifu shuō tā déle liúgǎn, gěi tā kāile yào, hái ràng
她 多 休息，多 喝 点儿 开水。
tā duō xiūxi, duō hē diǎnr kāishuǐ.

生词 New Words

1. 看病		kàn bìng	to see a doctor
2. 中午	(名)	zhōngwǔ	noon; midday
3. 下(课)	(动)	xià(kè)	to finish class
4. 发现	(动)	fāxiàn	to find; to discover
5. 躺	(动)	tǎng	to lie; to recline
6. 舒服	(形)	shūfu	to be well
7. 头痛		tóu tòng	(to have a) headache
8. 嗓子	(名)	sǎngzi	throat; larynx
9. 疼	(动)	téng	to ache; to be sore
10. 感冒	(动、名)	gǎnmào	catch a cold; flu

11. 发烧		fā shāo	to run a fever; to have a temperature
12. 全身	(名)	quánshēn	whole body
13. 力气	(名)	lìqi	physical strength; effort
14. 体温表	(名)	tǐwēnbiǎo	thermometer
15. 量	(动)	liáng	to measure
16. 体温	(名)	tǐwēn	body temperature
17. 低	(形)	dī	low
18. 陪	(动)	péi	to accompany; to keep sb. company
19. 医院	(名)	yīyuàn	hospital
20. 门诊部	(名)	ménzhěnbù	clinic; outpatient department
21. 挂号处	(名)	guàhàochù	registration office
22. 护士	(名)	hùshi	nurse
23. 大夫	(名)	dàifu	doctor
24. 挂	(动)	guà	to register
25. 内科	(名)	nèikē	(department of) internal medicine
26. 病历	(名)	bìnglì	medical record; case history
27. 门诊	(名)	ménzhěn	outpatient service
28. 检查	(动)	jiǎnchá	to check; to inspect; to examine
29. 得	(动)	dé	to contract; to suffer from

30. 流感	(名)	liúgǎn	flu; influenza
31. 开药		kāi yào	to write a prescription
32. 药	(名)	yào	medicine
33. 对	(介)	duì	to; towards
34. 过敏	(动)	guòmǐn	to be allergic
35. 药片	(名)	yàopiàn	(medicinal) tablet
36. 片	(量)	piàn	*a measure word for things that are in the form of flat, thin pieces*
37. 口服液	(名)	kǒufúyè	oral liquid
38. 开水	(名)	kāishuǐ	boiled water; hot water
39. 处方	(名)	chǔfāng	prescription; recipe
40. 药房	(名)	yàofáng	drugstore; chemist's shop; pharmacy

注释 Note

“艾丽，都中午了，你怎么还不起床？”

在这句话中，疑问代词“怎么”是用来询问情况发生的原因的。例如：

In this sentence, the interrogative pronoun “怎么” is used to inquire about the cause of something, e.g.

(1) 田中怎么不来上课？

(2) 大卫怎么没去？

练 习
Exercises

一、用正确的语调读下面的句子
Read the following sentences with correct intonation

1. 艾丽,都中午了,你怎么还不起床?
2. 你哪儿不舒服?
3. 你发烧不发烧?
4. 你量过体温了吗?
5. 你觉得不舒服有几天了?
6. 你对什么药过敏?

二、下面这些句子里,有些错误,请你改正一下并读一读
Correct the errors in the following sentences and read them out

1. 我头痛,也嗓子疼,可能是感冒了。
2. 这种药片,每天三次吃,一次四片吃。
3. 田中还怎么不去学校?
4. 小王应该量体温一下。
5. 还是你去看看一下她吧。

三、根据课文的内容用自己的话回答下面的问题
Use your own words to answer the questions based on the text

1. 艾丽今天为什么到中午还没起床?
2. 明珠帮艾丽做什么了?
3. 艾丽是怎么向医生说明自己的病情的?
4. 艾丽应该怎么服药?
5. 医生让艾丽这几天做什么?

四、读一读，体会下面各句中“都……了”的意思有什么不同

Read the following sentences and see the different meanings of “都……了”

1. 昨天我们班的同学都来上课了。
2. 都几点了，你还不睡觉？
3. 包子都买来了，你先吃几个，再去上课吧。
4. 天都这么晚了，她怎么还不回来？
5. 你说的话，他都听见了。

五、交际训练 Communication drills

功能项目 1：询问对方有什么病症及回答

Asking about one's illness and responding

范句 Example:

A：你哪儿不舒服？

B：我头痛，嗓子也疼，可能是感冒了。

功能项目 2：询问对方是否有某种症状及回答

Asking if some one has certain symptoms and responding

范句 Example:

A：你发烧不发烧？

B：我也不知道，只是觉得全身都没有力气。

功能项目 3：说明服药的方法 Explaining how to take the medication

范句 Examples:

(1) 这种药片，每天吃三次，一次吃四片。

(2) 这种口服液每天喝两次，一次喝三小瓶。

练习 Exercises

参照功能项目中的范句，两个同学一组作对话练习

Based on the above examples, make dialogues with your partner

1. 一个同学作病人，另一个同学作医生。

   One is supposed to be a patient, and the other is to be a doctor.

2. 一个同学作病人，另一个同学作病人的朋友，谈一谈他/她看病的经历。

   One is supposed to be a patient, and the other is a friend of the patient. Please talk about his/her experience of seeing a doctor.

六、语段表达 Narration

1. 以黄明珠的口气复述情景 1 中的内容。

   Suppose you are Hwang Myeong Ju. Please retell what happened in Scene 1 in the first person.

2. 谈一谈你自己看病的经历。

   Talk about your own experience of seeing a doctor.

第二十课
LESSON TWENTY

爱好和生活习惯

Hobbies and Life Style

对话
Dialogues

情景1：保罗到王刚的家里玩儿。王刚和弟弟王强正在下棋。
Scene 1: Paul goes to Wang Gang's house when the latter is playing chess with his younger brother Wang Qiang.

保罗：下 棋 呢。
Xià qí ne.

王刚：保罗，来 了。你 喜欢 下 棋 吗？
Bǎoluó, lái le. Nǐ xǐhuan xià qí ma?

保罗：喜欢。我 特别 喜欢 下 国际 象棋。
Xǐhuan. Wǒ tèbié xǐhuan xià guójì xiàngqí.

王强：你 还 喜欢 什么 别的 体育 运动？
Nǐ hái xǐhuan shénme biéde tǐyù yùndòng?

保罗：我 还 爱 踢 足球、游 泳 和 打 篮球。
Wǒ hái ài tī zúqiú、yóu yǒng hé dǎ lánqiú.

王强：除了 体育 运动 以外，你 还 有 什么 别的 爱好 吗？
Chúle tǐyù yùndòng yǐwài, nǐ hái yǒu shénme biéde àihào ma?

保罗：我 还 喜欢 看 电影、 听 音乐、 唱 歌、旅行
Wǒ hái xǐhuan kàn diànyǐng、tīng yīnyuè、chàng gē、lǚxíng
等等。
děngděng.

王刚：你 还 有 一 个 爱好 忘了 说。
Nǐ hái yǒu yí ge àihào wàngle shuō.

保罗：那 是 什么 呢？
Nà shì shénme ne?

王刚：吃 中国菜。
Chī zhōngguócài.

保罗：哦，你 真 是 我 的 好 朋友，这么 了解 我。
Ò, nǐ zhēn shì wǒ de hǎo péngyou, zhème liǎojiě wǒ.

情景 2：午饭后，保罗和王刚、王强坐在院子里，一边喝茶，一边聊天。
Scene 2: After lunch, Paul, Wang Gang and Wang Qiang sit in the yard, chatting over a cup of tea.

王强：保罗， 我 真 想 知道 像 你 这样 的 “老外”
Bǎoluó, wǒ zhēn xiǎng zhīdào xiàng nǐ zhèyàng de “lǎowài”
在 中国 是 怎么 生活 的。
zài Zhōngguó shì zěnme shēnghuó de.

保罗：我 一般 从 周一 到 周五 早上 都 要 去
Wǒ yìbān cóng zhōuyī dào zhōuwǔ zǎoshang dōu yào qù
上 课。 中午 吃完 饭 后，休息 一会儿。下午，
shàng kè. Zhōngwǔ chīwán fàn hòu, xiūxi yíhuìr. Xiàwǔ,
有时 有 选修课； 没 课 的 时候，就 去 打打 球、
yǒushí yǒu xuǎnxiūkè; méi kè de shíhou, jiù qù dǎda qiú、

跑跑 步 或 去 商店 买 东西。 晚上， 要
pǎopao bù huò qù shāngdiàn mǎi dōngxi. Wǎnshang, yào
复习、 预习。 周末 的 时候， 有时 去 参观
fùxí、 yùxí. Zhōumò de shíhou, yǒushí qù cānguān
名胜 古迹， 逛逛 街。 有时 也 去 看
míngshèng gǔjì, guàngguang jiē. Yǒushí yě qù kàn
朋友， 或者 和 朋友们 一起 去 饭馆儿 吃 饭、
péngyou, huòzhě hé péngyoumen yìqǐ qù fànguǎnr chī fàn、
去 酒吧 喝 点儿 酒、 跳跳 舞。
qù jiǔbā hē diǎnr jiǔ、 tiàotiao wǔ.

短文 Text

保罗 和 王 刚、 王 强 谈起了 他 的 爱好。
Bǎoluó hé Wáng Gāng、Wáng Qiáng tánqǐle tā de àihào.
他 说 他 喜欢 很 多 体育 运动， 也 喜欢 很 多
Tā shuō tā xǐhuan hěn duō tǐyù yùndòng, yě xǐhuan hěn duō
文娱 活动 和 外出 旅行。 王 刚 跟 他 开
wényú huódòng hé wàichū lǚxíng. Wáng Gāng gēn tā kāi
玩笑 说， 吃 中国菜 也 是 他 的 爱好。
wánxiào shuō, chī zhōngguócài yě shì tā de àihào.

生 词
New Words

1.	爱好	(名)	àihào	interest; hobby
2.	生活	(名、动)	shēnghuó	life; live
3.	习惯	(名)	xíguàn	habit; custom
4.	正在	(副)	zhèngzài	in the process of; in the course of
5.	下(棋)	(动)	xià(qí)	to play
6.	棋	(名)	qí	chess
7.	喜欢	(动)	xǐhuan	to like
8.	特别	(副)	tèbié	especially; particularly
9.	国际	(名)	guójì	international
10.	象棋	(名)	xiàngqí	chess
11.	体育	(名)	tǐyù	physical training; sports
12.	运动	(名)	yùndòng	sports; athletics; exercise
13.	爱	(动)	ài	to like; to love
14.	踢	(动)	tī	to play; to kick
15.	足球	(名)	zúqiú	football
16.	游泳		yóu yǒng	to swim
17.	除了……以外		chúle……yǐwài	apart from ...; except ...
18.	电影	(名)	diànyǐng	film
19.	听	(动)	tīng	to listen; to hear
20.	音乐	(名)	yīnyuè	music
21.	唱歌		chàng gē	to sing

22. 等等	(助)	děngděng	and so on; etc.
23. 中国菜	(名)	zhōngguócài	Chinese dish
24. 哦	(助)	ò	*interj*. (*expressing realization* or *understanding*)
25. 这么	(代)	zhème	so; such; this way; like this
26. 了解	(动)	liǎojiě	to know; to understand
27. 午饭	(名)	wǔfàn	lunch
28. 坐	(动)	zuò	to sit
29. 院子	(名)	yuànzi	yard
30. 茶	(名)	chá	tea
31. 像	(介)	xiàng	like; such as
32. 老外	(名)	lǎowài	foreigner
33. 一会儿	(名)	yíhuìr	a while
34. 跑步		pǎo bù	to run; to jog
35. 名胜古迹		míngshèng gǔjì	scenic spots and historical sites
36. 饭馆儿	(名)	fànguǎnr	restaurant
37. 酒吧	(名)	jiǔbā	pub; bar
38. 酒	(名)	jiǔ	alcoholic drink; wine
39. 跳舞		tiào wǔ	to dance
40. 文娱	(名)	wényú	cultural recreation; entertainment
41. 开玩笑		kāi wánxiào	to joke; to crack a joke
42. 玩笑	(名)	wánxiào	joke

注释
Notes

1. “除了体育运动以外，你还有什么别的爱好吗？”

“除了……以外”表示“在……以外，还有别的”，它后面常常跟副词“还”“也”等。例如：

“除了……以外” means “in addition to” or “besides”, often followed by adverbs, such as “还” and “也”, e.g.

(1) 除了北京以外，我们也去了上海。

(2) 除了看电影以外，田中还喜欢听音乐。

2. “哦，你真是我的好朋友，这么了解我。”

叹词“哦”表示领会、醒悟。例如：

The interjection “哦” indicates realization or understanding, e.g.

(1) 哦，我懂了。

(2) 哦，他原来是田中的男朋友。

3. “下午，有时有选修课；没课的时候，就去打打球、跑跑步或去商店买东西。”

在这句话中，“打打球”和“跑跑步”中的“打打”和“跑跑”是动词的重叠形式。动词重叠以后，表示动作经历的时间较短，语气缓和，有时也可以表示尝试。一般，单音节动词的重叠形式是“AA”，双音节动词的重叠形式是“ABAB”。

In this sentence, “打打” and “跑跑” in “打打球” and “跑跑步” are the reduplicated form of verbs. Reduplication of verbs is usually used to indicate an action of short duration, softening the tone. Sometimes a verb is duplicated to imply an attempt. Usually, the pattern of the reduplication of monosyllable verbs is “AA”; and disyllabic verbs, ABAB.

(1) 周末，我们去活动中心跳跳舞、唱唱歌，轻松轻松吧。

(2) 你刚旅行回来，好好休息休息吧。

练　习
Exercises

一、用正确的语调读下面的句子，注意重音
Read the following sentences with correct intonation, paying attention to the stress

1. 你还喜欢什么别的体育运动？
2. 除了体育运动以外，你还有什么别的爱好吗？
3. 你还有一个爱好忘了说。
4. 哦，你真是我的好朋友，这么了解我。
5. 我真想知道像你这样的“老外”在中国是怎么生活的。

二、下面这些句子里，有些错误，请你改正一下并读一读
Correct the errors in the following sentences and read them out

1. 小张喜欢聊天跟我。
2. 除了爱看电影，他还爱听音乐。
3. 我们下午一起出去跑步跑步，好吗？
4. 小王一边高兴，一边唱歌。
5. 小李的爱好很多，他喜欢打棋、踢足球等活动。

三、根据课文的内容用自己的话回答下面的问题
Use your own words to answer the questions based on the text

1. 保罗都有哪些爱好？
2. 为什么保罗对王刚说“你真是我的好朋友”？
3. 从周一到周五，保罗一般怎么过？
4. 周末的时候，保罗怎么过？

四、下面的话，你能说得更简单些吗？
Can you simplify the following sentences?

1. 他周末要去酒吧喝一点儿酒。
2. 你在吃饭呢。
3. 是谁呀？请进来。
4. 我一般早上都有课，我中午吃完饭以后，我要休息一会儿。
5. 我特别喜欢听音乐，你喜欢听音乐吗？
6. 小刘，你来这儿看书了。

五、交际训练 Communication drills

功能项目 1：打招呼 Greeting

范 句 Exaxmple:

A：下棋呢。
B：来了，保罗。

功能项目 2：询问别人是否有某种爱好及回答
Asking whether someone likes doing something and responding

范 句 Example:

A：你喜欢下棋吗？

B：喜欢。

功能项目 3：询问别人的爱好及回答
Asking about one's hobbies and responding

范 句 Example:

A：你有什么爱好吗？

B：我喜欢看电影、听音乐、唱歌、旅行。

功能项目 4：询问别人的生活方式及回答
Asking about one's life style and responding

范 句 Example:

A：你在中国是怎么生活的？

B：我一般从周一到周五早上都要去上课……

练习 Exercises

参照功能项目中的范句，两个同学一组作对话练习
Based on the above examples, make dialogues with your partner

1. 谈一谈你们的爱好。
   Talk about your hobbies.
2. 谈一谈你们在中国的生活习惯。
   Talk about your life style in China.

六、语段表达 Narration

谈谈你来中国以后生活习惯的变化。
Talk about the changes in your life style since you came to China.

第二十一课
LESSON TWENTY-ONE

过节、开晚会
Festivals and Parties

对话 Dialogues

情景1：圣诞节和新年就要到了，大家准备开一个晚会。黄明珠和艾丽出去买东西。

Scene 1: It will soon be Christmas and New Year. They are going to have a party. Hwang Myeong Ju and Ally are doing shopping.

明珠：艾丽，咱们 要不要 买几只气球？
Àilì, zánmen yào bu yào mǎi jǐ zhī qìqiú?

艾丽：好 啊，买 几 只 吧。
Hǎo a, mǎi jǐ zhī ba.

明珠：买 三 只 红色 的、两 只 黄色 的、一只 蓝色 的，
Mǎi sān zhī hóngsè de、liǎng zhī huángsè de、yì zhī lánsè de,
还 有 一 只 绿色 的。
hái yǒu yì zhī lǜsè de.

艾丽：买 大 的 还是 买 小 的？
Mǎi dà de háishi mǎi xiǎo de?

明珠：大 的 吧。
Dà de ba.

艾丽：再 买 几 张 彩纸 吧。
Zài mǎi jǐ zhāng cǎizhǐ ba.

明珠：好。
Hǎo.

艾丽：要一张带圣诞老人的，一张带圣诞树的，再要一张带金色小星星的。
Yào yì zhāng dài Shèngdàn Lǎorén de, yì zhāng dài shèngdànshù de, zài yào yì zhāng dài jīnsè xiǎo xīngxing de.

明珠：买不买蜡烛？
Mǎi bu mǎi làzhú?

艾丽：买一打白色的长蜡烛吧。
Mǎi yì dá báisè de cháng làzhú ba.

情景 2：艾丽和黄明珠在准备晚会。
Scene 2: Ally and Hwang Myeong Ju are preparing for the party.

艾丽：明珠，盘子和碗洗过了吗？
Míngzhū, pánzi hé wǎn xǐguo le ma?

明珠：洗过了，已经擦干净了。
Xǐguo le, yǐjing cā gānjing le.

艾丽：那我来洗酒杯和刀叉吧。
Nà wǒ lái xǐ jiǔbēi hé dāo chā ba.

明珠：好，你洗完，我来摆。
Hǎo, nǐ xǐwán, wǒ lái bǎi.

艾丽：葡萄酒和啤酒现在打开吗？
Pútaojiǔ hé píjiǔ xiànzài dǎkāi ma?

明珠：等晚会开始以后再开吧。
Děng wǎnhuì kāishǐ yǐhòu zài kāi ba.

情景 3：晚会上。

Scene 3: At the Christmas/New Year party.

张老师：同学们，你们第一次在中国过圣诞节和新年，感觉怎么样？
Tóngxuémen, nǐmen dì yī cì zài Zhōngguó guò Shèngdàn Jié hé xīnnián, gǎnjué zěnmeyàng?

同学们：真高兴。真热闹。
Zhēn gāoxìng. Zhēn rènao.

张老师：好，咱们一起干一杯。祝大家新年快乐！
Hǎo, zánmen yìqǐ gān yì bēi. Zhù dàjiā xīnnián kuàilè!

同学们：干杯。
Gān bēi.

同学1：张老师，听说在中国，春节是最重要的传统节日，是吗？
Zhāng lǎoshī, tīngshuō zài Zhōngguó, Chūn Jié shì zuì zhòngyào de chuántǒng jiérì, shì ma?

张老师：对，春节是中国的农历新年。春节这一天是一家人团聚的日子。大家互相拜年，庆祝新的一年的开始。
Duì, Chūn Jié shì Zhōngguó de nónglì xīnnián. Chūn Jié zhè yì tiān shì yì jiā rén tuánjù de rìzi. Dàjiā hùxiāng bài nián, qìngzhù xīn de yì nián de kāishǐ.

同学2：我听说中国北方人过春节时，常常吃饺子，对吗？
Wǒ tīngshuō Zhōngguó běifāngrén guò Chūn Jié shí, chángcháng chī jiǎozi, duì ma?

张老师：对，等到春节时，我请你们去我家一起吃饺子。
Duì, děngdào Chūn Jié shí, wǒ qǐng nǐmen qù wǒ jiā yìqǐ chī jiǎozi.

短文 Text

圣诞节和新年快要到了，留学生们和张老师一起开了一个庆祝晚会。晚会上，大家喝酒、聊天，非常高兴。张老师还向大家介绍了中国最重要的传统节日——春节的情况。

Shèngdàn Jié hé xīnnián kuàiyào dào le, liúxuéshēngmen hé Zhāng lǎoshī yìqǐ kāile yí ge qìngzhù wǎnhuì. Wǎnhuì shàng, dàjiā hē jiǔ、liáo tiān, fēicháng gāoxìng. Zhāng lǎoshī hái xiàng dàjiā jièshàole Zhōngguó zuì zhòngyào de chuántǒng jiérì —— Chūn Jié de qíngkuàng.

生词 New Words

1. 过节		guò jié	to celebrate a festival
2. 开(晚会)	(动)	kāi(wǎnhuì)	to hold (a party)
3. 晚会	(名)	wǎnhuì	evening party
4. 新年	(名)	xīnnián	New Year
5. 只	(量)	zhī	*a measure word*
6. 气球	(名)	qìqiú	balloon
7. 红色	(名)	hóngsè	red (color)
8. 黄色	(名)	huángsè	yellow (color)

9. 蓝色	(名)	lánsè	blue (color)
10. 绿色	(名)	lǜsè	green (color)
11. 彩纸	(名)	cǎizhǐ	coloured paper
12. 圣诞树	(名)	shèngdànshù	Christmas tree
13. 金色	(名)	jīnsè	golden
14. 星星	(名)	xīngxing	star
15. 蜡烛	(名)	làzhú	candle
16. 打	(量)	dá	dozen
17. 白色	(名)	báisè	white (color)
18. 长	(形)	cháng	long
19. 盘子	(名)	pánzi	tray; plate; dish
20. 碗	(名)	wǎn	bowl
21. 洗	(动)	xǐ	to wash
22. 擦	(动)	cā	to wipe
23. 干净	(形)	gānjing	clean
24. 酒杯	(名)	jiǔbēi	wine cup
25. 刀	(名)	dāo	knife
26. 叉	(名)	chā	fork
27. 摆	(动)	bǎi	to put; to place; to arrange
28. 葡萄酒	(名)	pútaojiǔ	wine
29. 啤酒	(名)	píjiǔ	beer
30. 现在	(名)	xiànzài	now
31. 感觉	(动)	gǎnjué	to feel; to sense; to perceive
32. 热闹	(形)	rènao	lively; bustling

33. 干杯		gān bēi	to drink a toast; cheers
34. 重要	(形)	zhòngyào	important; significant; major
35. 传统	(名)	chuántǒng	tradition
36. 节日	(名)	jiérì	festival
37. 农历	(名)	nónglì	Chinese lunar calendar
38. 团聚	(动)	tuánjù	to gather together; to reunite
39. 日子	(名)	rìzi	day
40. 拜年		bài nián	to pay a New Year call
41. 庆祝	(动)	qìngzhù	to celebrate
42. 北方	(名)	běifāng	north
43. 饺子	(名)	jiǎozi	dumpling (with meat and vegetable stuffing)
44. 非常	(副)	fēicháng	very much

专　名　Proper Nouns

1. 圣诞节	Shèngdàn Jié	Christmas Day
2. 圣诞老人	Shèngdàn Lǎorén	Santa Claus
3. 春节	Chūn Jié	Spring Festival

注 释
Note

"好啊，买几只吧。"

语气助词"啊"在陈述句末尾，表示肯定、赞同、催促和嘱咐等语气，读轻声。例如：

The modal particle "啊" can be used at the end of a statement to indicate a tone of affirmation, agreement, urging or exhortation, etc., pronounced in the light tone, e.g.

(1) 你明天一定要早点儿起床啊。

(2) 快走啊，电影已经开始了。

练 习
Exercises

一、用正确的语调读下边的句子，注意重音
Read the following sentences with correct intonation, paying attention to the stress

1. 买三只红色的、两只黄色的、一只蓝色的，还有一只绿色的。
2. 明珠，盘子和碗洗过了吗？
3. 葡萄酒和啤酒现在打开吗？
4. 同学们，你们第一次在中国过圣诞节和新年，感觉怎么样？
5. 我听说中国北方人过春节时，常常吃饺子，对吗？

二、组词成句 Arrange the given words into sentences

1. 了 小王 圣诞老人 买 张 彩纸 一 带 的。
2. 向 小李 大家 情况 的 晚会 个 那 介绍 了。
3. 请 饺子 春节 家 小张 时 我们 他 去 吃。
4. 和 昨天 老师 一起 晚会 了 学生 开 个。
5. 帮 她 我们 酒杯 盘子 了 洗 洗 和。

三、根据课文的内容用自己的话回答下面的问题 Use your own words to answer the questions based on the text

1. 他们为什么开晚会？
2. 艾丽和明珠买了哪些东西？
3. 她们两个人在准备晚会时，都做了什么？
4. 同学们觉得这个晚会怎么样？
5. 张老师向同学们介绍了春节的哪些传统？

四、体会每句中“向”的意思和用法，并模仿造句子 Note the meanings and use of “向” in the following sentences and make sentences after the following examples

1. 她家的房子向东。
2. 我向小张借了一本小说。
3. 这条路通向花园。
4. 小李汉语进步很快，我要向他学习。
5. 大家向前看，这就是我们的体育馆。

五、交际训练 Communication drills

功能项目 1：询问别人是否要买某物及回答
Asking whether one wants to buy something and responding

范　句　Examples:

(1) A：咱们要不要买几只气球？
　　B：好啊，买几只吧。

(2) A：买不买蜡烛？
　　B：买一打白色的长蜡烛吧。

功能项目 2：询问别人买某物的大小选择及回答
Asking about one's purchase preference and responding

范　句　Example:

A：买大的还是买小的？
B：大的吧。

功能项目 3：询问某人对某事件的感受及回答
Asking about one's feeling about something and responding

范　句　Example:

A：你们第一次在中国过圣诞节和新年，感觉怎么样？
B：真高兴。

功能项目 4：询问传闻是否正确及回答
Confirming the hearsay and responding

范　句　Example:

A：我听说中国北方人过春节时，常常吃饺子，对吗？
B：对。

练习 Exercises

参照功能项目中的范句，两个同学一组作对话练习

Based on the above examples, make dialogues with your partner

1. 你们要开一个……晚会，谈一谈要买的东西或应该做哪些准备。
   You will have a party, so you talk about what you want to buy and what you have to prepare.

2. 谈一谈你们在中国过圣诞节、新年或别的节日的感受。
   Talk about your experiences and feelings of celebrating the Christmas, New Year's Day and other festivals in China.

六、语段表达 Narration

1. 请你谈谈在你的国家，人们怎么开……晚会。(如做什么准备和开晚会的习惯等等)
   Talk about how people arrange parties in your country (e.g. the preparations and customs of parties, etc.).

2. 请你谈一谈你的国家的一个传统节日的情况。
   Talk about a traditional festival of your country.

第二十二课
LESSON TWENTY-TWO

在饭馆儿

In the Restaurant

对话
Dialogues

情景1：保罗、大卫、金文正去一家北京风味的饭馆儿吃饭。

Scene 1: Paul, David and Kim Mun Jeong go to a Beijing-style restaurant to have a meal.

服务员：欢迎 光临！ 请问， 您 几 位？
Huānyíng guānglín! Qǐngwèn, nín jǐ wèi?

保　罗：三 位。
Sān wèi.

服务员：请 这边 坐。这 是 菜单， 请 看看 要 点 什么 菜。
Qǐng zhèbian zuò. Zhè shì càidān, qǐng kànkan yào diǎn shénme cài.

保　罗：先生， 您 帮 我们 介绍 几 个 北京 的 特色菜 吧。这个 菜单 我们 看 不 太 懂。
Xiānsheng, nín bāng wǒmen jièshào jǐ ge Běijīng de tèsècài ba. Zhège càidān wǒmen kàn bu tài dǒng.

服务员：好 吧。您 几 位 可以 尝 一 尝 京酱 肉丝、宫保 鸡丁、糖醋 鱼，还 有 鱼香 茄子 和
Hǎo ba. Nín jǐ wèi kěyǐ cháng yi cháng jīngjiàng ròusī、gōngbǎo jīdīng、tángcù yú, hái yǒu yúxiāng qiézi hé

西红柿　炒　鸡蛋。
xīhóngshì chǎo jīdàn.

保　罗：好　吧。
Hǎo ba.

服务员：请问，　您 几 位 主食 吃　什么？
Qǐngwèn, nín jǐ wèi zhǔshí chī shénme?

保　罗：主食　都　有　什么？
Zhǔshí dōu yǒu shénme?

服务员：有　米饭、炒饭　和　面条儿。
Yǒu mǐfàn、chǎofàn hé miàntiáor.

保　罗：我们　要 三 盘　炒饭 吧。
Wǒmen yào sān pán chǎofàn ba.

服务员：要　汤 吗？ 我们 这儿 有　酸辣 汤、三鲜　汤
Yào tāng ma? Wǒmen zhèr yǒu suānlà tāng、sānxiān tāng
和　西红柿 鸡蛋　汤。
hé xīhóngshì jīdàn tāng.

保　罗：要 个　酸辣　汤 吧。
Yào ge suānlà tāng ba.

服务员：请问　你们 喝 点儿　什么　饮料？
Qǐngwèn nǐmen hē diǎnr shénme yǐnliào?

保　罗：来 一　瓶　啤酒、三　听　可乐 吧。
Lái yì píng píjiǔ、sān tīng kělè ba.

服务员：您 几 位 还　要 点儿 别的　吗？
Nín jǐ wèi hái yào diǎnr biéde ma?

保　罗：先　要　这些 吧。不 够，我们　再　点。
Xiān yào zhèxiē ba. Bú gòu, wǒmen zài diǎn.

情景 2：菜来了，他们开始吃饭。
Scene 2: The food is served and they start to eat.

保　罗：嗯，真　香，我 饿死 了，咱们　赶快 吃 吧。
　　　　Ǹ，zhēn xiāng，wǒ èsǐ le，zánmen gǎnkuài chī ba.

大　卫：这 家 饭馆儿 的 菜 做 得 不错，这 几 个 菜　都 挺　好吃 的。
　　　　Zhè jiā fànguǎnr de cài zuò de búcuò，zhè jǐ ge cài dōu tǐng hǎochī de.

金文正：我　特别 喜欢　这个 叫　“宫保　鸡丁” 的 菜，有点儿 辣，味道　不错。
　　　　Wǒ tèbié xǐhuan zhège jiào “gōngbǎo jīdīng” de cài，yǒudiǎnr là，wèidao búcuò.

大　卫：我　喜欢　吃　糖醋 鱼 和 西红柿 炒 鸡蛋，又　酸 又 甜，好吃 极 了。
　　　　Wǒ xǐhuan chī tángcù yú hé xīhóngshì chǎo jīdàn，yòu suān yòu tián，hǎochī jí le.

情景 3：他们吃完饭，准备付钱。
Scene 3: They finish eating and are ready to pay the bill.

保　罗：服务员，　买 单。
　　　　Fúwùyuán，mǎi dān.

服务员：几 位　吃好　了？
　　　　Jǐ wèi chīhǎo le?

保　罗：我们　吃 得 太 饱 了，都 有点儿 走 不　动　了。
　　　　Wǒmen chī de tài bǎo le，dōu yǒudiǎnr zǒu bu dòng le.

服务员：（笑）好，一共 是 七十二 块 五。
　　　　(Xiào) Hǎo，yígòng shì qīshí'èr kuài wǔ.

大　卫：要了　这么　多 菜 和 饮料，　一共 才 七十　多　块
　　　　Yàole zhème duō cài hé yǐnliào，yígòng cái qīshí duō kuài

钱，真 便宜。
qián, zhēn piányi.

保 罗：给 您 八十 块。
Gěi nín bāshí kuài.

服务员：找 您 七 块 五。
Zhǎo nín qī kuài wǔ.

保 罗：不用 找 了，这 是 我们 给 您 的 小费。
Búyòng zhǎo le, zhè shì wǒmen gěi nín de xiǎofèi.

服务员：谢谢，不过，我们 这儿 不 收 小费。这 是 找 您 的 零钱，请 拿好。欢迎 下 次 再 来。
Xièxie, búguò, wǒmen zhèr bù shōu xiǎofèi. Zhè shì zhǎo nín de língqián, qǐng náhǎo. Huānyíng xià cì zài lái.

短文 Text

保罗、大卫、金 文正 到 一 家 北京 风味 的 饭馆儿 吃 饭。他们 先 点了 几 个 北京 的 特色菜，又 要了 主食 和 汤，还 有 饮料。他们 都 觉得 这 家 饭馆儿 的 菜 又 便宜 又 好吃。他们 这 顿 饭 吃 得 很 高兴。

Bǎoluó、Dàwèi、Jīn Wénzhèng dào yì jiā Běijīng fēngwèi de fànguǎnr chī fàn. Tāmen xiān diǎnle jǐ ge Běijīng de tèsècài, yòu yàole zhǔshí hé tāng, hái yǒu yǐnliào. Tāmen dōu juéde zhè jiā fànguǎnr de cài yòu piányi yòu hǎochī. Tāmen zhè dùn fàn chī de hěn gāoxìng.

生　词
New Words

1.	风味	(名)	fēngwèi	style, flavour
2.	光临	(动)	guānglín	gracious presence (of a guest, etc.)
3.	菜单	(名)	càidān	menu
4.	点菜		diǎn cài	to order dishes (in a restaurant)
5.	特色	(名)	tèsè	characteristic; special feature
6.	懂	(动)	dǒng	to understand; to know
7.	京酱肉丝		jīngjiàng ròusī	Beijing-style shredded pork flavoued with soybean sauce
8.	宫保鸡丁		gōngbǎo jīdīng	stir-fried diced chicken with chilli and peanuts
9.	糖醋鱼		tángcù yú	fish in sweet and sour sauce
10.	鱼香茄子		yúxiāng qiézi	fish-flavoured egg-plant
11.	西红柿炒鸡蛋		xīhóngshì chǎo jīdàn	stir-fried eggs with tomatoes
12.	主食	(名)	zhǔshí	staple food
13.	米饭	(名)	mǐfàn	rice
14.	炒饭	(名)	chǎofàn	fried rice
15.	面条儿	(名)	miàntiáor	noodles
16.	酸辣汤		suānlà tāng	hot and sour soup

17. 三鲜汤		sānxiān tāng	three delicacies soup
18. 饮料	(名)	yǐnliào	drink; beverage
19. 听	(量)	tīng	can
20. 可乐	(名)	kělè	coke
21. 够	(形)	gòu	enough; sufficient; adequate
22. 嗯	(叹)	ǹ	*an interjection*
23. 香	(形)	xiāng	(of food) delicious; appetizing
24. 饿	(形)	è	hungry
25. 死	(形)	sǐ	extremely
26. 赶快	(副)	gǎnkuài	quickly
27. 好吃	(形)	hǎochī	delicious
28. 辣	(形)	là	peppery; spicy
29. 味道	(名)	wèidao	taste; flavour
30. 酸	(形)	suān	sour; tart
31. 甜	(形)	tián	sweet
32. 付	(动)	fù	to pay
33. 买单		mǎi dān	to pay a bill
34. 饱	(形)	bǎo	to have eaten one's fill; to be full
35. 动	(动)	dòng	to move; to stir
36. 笑	(动)	xiào	to laugh
37. 小费	(名)	xiǎofèi	tip
38. 零钱	(名)	língqián	small change; change
39. 顿	(量)	dùn	*a measure word used to indicate frequency of food, reproach, admonishment, beating, etc.*

注释
Notes

1. “来一瓶啤酒、三听可乐吧。”

这句话中的“来”是“要”的意思，用于口语，在饭馆儿点菜或在商店买食品、饮料时常用。例如：

In this sentence, “来” means “would like” or “please bring”. It is often used in spoken Chinese, when ordering dishes in a restaurant or buying food and drinks in a shop, e.g.

(1) 来一斤饺子吧。

(2) 来一杯咖啡。

2. “嗯，真香，我饿死了，咱们赶快吃吧。”

叹词“嗯”，在这句话中表示欣赏、满意。例如：

In this sentence, the interjection “嗯” expresses the appreciation or satisfaction of the speaker, e.g.

(1) 嗯，这个饭馆儿真不错。

(2) 嗯，这儿的风景真漂亮。

“我饿死了”中“饿”是形容词，“形容词+‘死’”表示程度很深。例如：

In the sentence “我饿死了”, “饿” is an adjective. “Adj. +死” indicates a great extent, e.g.

(1) 北京的夏天热死了。

(2) 小王看了一天书，累死了。

3. “才七十多块钱，真便宜。”

副词“才”可以放在数量词前作状语，表示时间或范围等。在这句话里，“才”是“只有”的意思，这种用法口语里较常见。例如：

The adverb “才” can be placed before a numeral-measure word as an adverbial modifier to indicate time or degree. In this sentence, “才” means “only”. This usage occurs very often in spoken Chinese, e.g.

(1) 才三点钟，这儿就没人了。

(2) 才两个人，来的人太少了。

练 习
Exercises

一、用正确的语调读下边的句子，注意重音
Read the following sentences with correct intonation, paying attention to the stress

1. 先生，您帮我们介绍几个北京的特色菜吧。
2. 先要这些吧。不够，我们再点。
3. 我特别喜欢这个叫"宫保鸡丁"的菜，有点辣，味道不错。
4. 我们吃得太饱了，都有点儿走不动了。
5. 要了这么多菜和饮料，一共才七十多块钱，真便宜。

二、下面这些句子里，有些错误，请你改正一下并读一读
Correct the errors in the following sentences and read them out

1. 小王，这句话是什么意思，我不看懂。
2. 都三点了，到下班还有两个小时呢。
3. 那个电影好看死了。
4. 菜太少了，我吃得饱。
5. 服务员小姐，不来那个菜了。

三、根据你自己的情况，回答下面的问题
Answer the following questions according to your own situation

1. 你在北京的饭馆儿吃饭时，看得懂中文菜单吗？
2. 你喜欢吃哪些中国菜？
3. 你在饭馆儿吃饭时，主食一般吃什么？饮料一般喝什么？
4. 你喜欢什么味道的菜？
5. 你觉得饭馆儿里的中国菜做得怎么样？
6. 你觉得饭馆儿的服务怎么样？

四、体会每句中画线部分的意思和用法，并模仿造句子

Note the meanings and use of the underlined part in each sentence and make sentences after the examples

1. 他歌唱得很好。
2. 她睡得不早。
3. 我们吃得太饱，走不动了。
4. 小张来得太晚。
5. 她说得很对，我也这么想。

五、交际训练 Communication drills

功能项目1：表示欢迎 Welcoming

范 句 Example:

欢迎光临。

功能项目2：询问就餐的人数及回答

Asking about the number of diners and responding

范 句 Example:

A：请问，您几位？
B：三位。

功能项目3：询问就餐的要求及回答

Asking what the diners want to eat and responding

范 句 Examples:

(1) A：请问，您几位主食吃什么？
B：我们要三盘炒饭吧。

(2) A：请问，你们喝点儿什么饮料？
B：来两瓶啤酒、三听可乐吧。

(3) A：要汤吗？
B：要个酸辣汤吧。

(4) A：您几位还要点儿别的吗？
B：先要这些吧。

功能项目4：询问饭（菜）的种类及回答
Asking what dishes are available and responding

范　句　Example:

A：主食都有什么？

B：有米饭、炒饭和面条儿。

功能项目5：说明自己喜好的口味　Expressing one's eating preference

范　句　Example:

我喜欢吃糖醋鱼和西红柿炒鸡蛋，又酸又甜，好吃极了。

功能项目6：评价　Commenting

范　句　Example:

这家饭馆儿的菜做得不错，这几个菜都挺好吃的。

功能项目7：结账　Paying the bill

范　句　Example:

服务员，买单。

练习 Exercises

参照功能项目中的范句，两个或三个同学一组作对话练习
Based on the above examples, two or three of you make dialogues

1. 两个人作来饭馆儿吃饭的人，一个人作饭馆儿的服务员。
   Two of you come to a restaurant to have a meal, and the other is a waiter or waitress.
2. 两个来饭馆儿吃饭的人谈自己对这家饭馆儿的饭菜的喜好和看法。
   Two diners comment on the food of the restaurant.

六、语段表达 Narration

1. 请用第三人称复述课文情景1、情景2、情景3。
   Retell what happened in Scene 1, Scene 2 and Scene 3 in the third person.
2. 谈一谈你在中国饭馆儿就餐的经历。
   Talk about your experience of having meals in Chinese restaurants.
3. 谈一谈在中国饭馆儿就餐时与在你们国家饭馆儿就餐时的不同之处。
   Talk about the differences between having meals in a Chinese restaurant and in a restaurant of your country.

第二十三课
LESSON TWENTY-THREE

乘车、买票

Taking a Bus/Subway/Taxi and Buying Tickets

对话
Dialogues

情景1：田中幸子在公共汽车上。
Scene 1: Tanaka Sachiko is on a bus.

（背景录音：乘客您好，欢迎您乘坐332路公共汽车。本车的始发站是动物园，终点站是颐和园。）

(Background recording: Hello, passengers. Welcome to Bus No.332. Our departure station is the Zoo and the destination station is the Summer Palace.)

售票员：刚 上 车 的 乘客，请 买 票。
Gāng shàng chē de chéngkè, qǐng mǎi piào.

田　中：您 好， 请问 去 海龙 大厦，应该 在 哪 一 站 下？
Nín hǎo, qǐngwèn qù Hǎilóng Dàshà, yīnggāi zài nǎ yí zhàn xià?

售票员：中关村 站。
Zhōngguāncūn zhàn.

田　中：麻烦 您 给 我 打 张 票。
Máfan nín gěi wǒ dǎ zhāng piào.

售票员：请问 您 从 哪 一 站 上 的？
Qǐngwèn nín cóng nǎ yí zhàn shàng de?

田　中：人民　大学。
Rénmín Dàxué.

售票员：一块钱。
Yí kuài qián.

田　中：给您钱。
Gěi nín qián.

售票员：这是您的票，请拿好。
Zhè shì nín de piào, qǐng náhǎo.

情景 2：田中幸子在地铁售票处。
Scene 2: Tanaka Sachiko is at a subway ticket office.

田　中：您好，我去北京　火车站，　多少　钱？
Nín hǎo, wǒ qù Běijīng Huǒchēzhàn, duōshao qián?

售票员：您去地铁　内环、　外环　的任何一站，　都是
Nín qù dìtiě nèihuán、wàihuán de rènhé yí zhàn, dōu shì
三块钱一张　票。
sān kuài qián yì zhāng piào.

田　中：好，我买一张，给您钱。
Hǎo, wǒ mǎi yì zhāng, gěi nín qián.

售票员：这是您的票，请拿好。请到地铁　入口处
Zhè shì nín de piào, qǐng náhǎo. Qǐng dào dìtiě rùkǒuchù
检票进站。
jiǎn piào jìn zhàn.

情景 3：田中幸子在路边打车

Scene 3: Tanaka Sachiko hails a taxi by the road.

司机：小姐，您 好，请 上 车。
Xiǎojie, nín hǎo, qǐng shàng chē.

田中：谢谢。
Xièxie.

司机：请问 您 去 哪儿？
Qǐngwèn nín qù nǎr?

田中：我 去 语言 大学 3 号 楼。
Wǒ qù Yǔyán Dàxué sān hào lóu.

司机：您 看，咱们 从 哪 条 路 走？
Nín kàn, zánmen cóng nǎ tiáo lù zǒu?

田中：去 语言 大学 有 几 条 路？
Qù Yǔyán Dàxué yǒu jǐ tiáo lù?

司机：两 条 路。走 北边 的 近 点儿，不过 有点儿 堵 车。走 西边 的 远 点儿，可 红绿灯 少。
Liǎng tiáo lù. Zǒu běibian de jìn diǎnr, búguò yǒudiǎnr dǔ chē. Zǒu xībian de yuǎn diǎnr, kě hónglǜdēng shǎo.

田中：这 两 条 路 差 多少 公里？
Zhè liǎng tiáo lù chà duōshao gōnglǐ?

司机：也 就 一 两 公里 吧。
Yě jiù yī liǎng gōnglǐ ba.

田中：那 我们 就 走 西边 的 吧。
Nà wǒmen jiù zǒu xībian de ba.

司机：我 知道 语言 大学 怎么 走，可 没 去过 3 号 楼。您 到 地方，告诉 我 一下 在 哪儿 停 吧。
Wǒ zhīdào Yǔyán Dàxué zěnme zǒu, kě méi qùguo sān hào lóu. Nín dào dìfang, gàosu wǒ yíxià zài nǎr tíng ba.

田中：好 的，师傅。
Hǎo de, shīfu.

短文 Text

田中幸子在北京坐过了公共汽车、地铁和出租车。坐公共汽车时，一般有售票员卖票和检票。坐地铁时，在地铁站的售票窗口买票，在入口处检票。坐出租汽车时，司机师傅用计程器算钱。人们可以在马路边的出租汽车停车点打车。

Tiánzhōng Xìngzǐ zài Běijīng zuòguole gōnggòng qìchē、dìtiě hé chūzūchē. Zuò gōnggòng qìchē shí, yìbān yǒu shòupiàoyuán mài piào hé jiǎn piào. Zuò dìtiě shí, zài dìtiězhàn de shòu piào chuāngkǒu mǎi piào, zài rùkǒuchù jiǎn piào. Zuò chūzū qìchē shí, sījī shīfu yòng jìchéngqì suàn qián. Rénmen kěyǐ zài mǎlù biān de chūzū qìchē tíngchēdiǎn dǎ chē.

生词 New Words

1. 乘	（动）	chéng	to ride; to take
2. 车	（名）	chē	vehicle
3. 票	（名）	piào	ticket
4. 乘客	（名）	chéngkè	passenger
5. 乘坐	（动）	chéngzuò	to take (a plane or boat); ride (in a train or vehicle)
6. 始发站	（名）	shǐfāzhàn	departure station
7. 终点站	（名）	zhōngdiǎnzhàn	destination station

8. 下(车)	(动)	xià(chē)	to get off (a vehicle)
9. 麻烦	(动)	máfan	to trouble; to bother; to put sb. to trouble
10. 打(票)	(动)	dǎ(piào)	to buy (a ticket)
11. 上(车)	(动)	shàng(chē)	to get on (a vehicle)
12. 地铁	(名)	dìtiě	underground raiway; subway; meto
13. 售票处	(名)	shòupiàochù	ticket office; booking office
14. 火车站	(名)	huǒchēzhàn	railway station
15. 内环	(名)	nèihuán	inner circular route
16. 外环	(名)	wàihuán	outer circular route
17. 任何	(代)	rènhé	any; whatever
18. 入口处	(名)	rùkǒuchù	entrance
19. 检票		jiǎn piào	to check tickets
20. 打(车)	(动)	dǎ(chē)	to take (a taxi)
21. 近	(形)	jìn	near; close
22. 堵车		dǔ chē	to have a traffic jam
23. 红绿灯	(名)	hónglǜdēng	traffic lights; traffic signals
24. 公里	(量)	gōnglǐ	kilometre (km.)
25. 停	(动)	tíng	to stop
26. 售票员	(名)	shòupiàoyuán	ticket seller; conductor
27. 窗口	(名)	chuāngkǒu	window
28. 计程器	(名)	jìchéngqì	taximeter
29. 算	(动)	suàn	to calculate
30. 马路	(名)	mǎlù	road

专　名　Proper Nouns

1. 颐和园　Yíhé Yuán　the Summer Palace
2. 海龙大厦　Hǎilóng Dàshà　Hailong Mansion
3. 北京火车站　Běijīng Huǒchēzhàn　Beijing Railway Station
4. 语言大学　Yǔyán Dàxué　Language University

注释 Notes

1. “麻烦您给我打张票。”

这句话中的“打”是“买”的意思，这是口语中买各种交通工具的车票时常用的说法。例如：

In this sentence, “打” means “buy”. This usage often occurs in spoken Chinese, when someone needs to buy a ticket, e.g.

(1) 你去火车站送人，先打张站台票。

(2) 我想打张月票。

2. “走西边的远点儿，可红绿灯少。”

这句话中的“可”是连词，用法和意思和“可是”一样，表示转折。例如：

In this sentence, “可” is a conjunction, whose usage and meaning are the same as those of “可是”. It indicates a transition, e.g.

(1) 我去找他，可他不在。

(2) 那个公园很好玩儿，可人太多了。

3. “这两条路差多少公里？”“也就一两公里吧。”

这句话中的副词“就”用在数量词前可以表示确定范围，意思是“只”或“只有”。例如：

In this sentence, the adverb “就” is placed before a numeral-measure word to indicate the range. Here, “就” means “only”, e.g.

(1) 书架上的书就三本。

(2) 他们俩就一个儿子。

4. 走北边的近点儿，不过有点儿堵车。走西边的远点儿，可红绿灯少。

这句话中，“的”字结构(北边的/西边的)代替了名词短语“北边的路/西边的路”，这种情况在汉语口语中较常见。我们从上下文的内容可以知道的“的”字结构所指的具体事物或人。

In the sentence, the “的” phrase (北边的/西边的) substitutes the noun phrase “北边的路/西边的路”. This occurs very often in spoken Chinese. We may know the concrete things the “的” phrase refers to according to the context.

练习
Exercises

一、用正确的语调读下边的句子，注意重音
Read the following sentences with correct intonation, paying attention to the stress

1. 请问，您从哪一站上的？
2. 走北边的近点儿，不过有点儿堵车。走西边的远点儿，可红绿灯少。
3. 这两条路也就差一两公里吧。
4. 我知道语言大学怎么走，可没去过3号楼。您到地方，告诉我一下在哪儿停吧。
5. 您去地铁内环、外环的任何一站，都是三块钱一张票。

二、下面这些句子里，有些错误，请你改正一下并读一读
Correct the errors in the following sentences and read them out

1. 给我看一下那本书好吗？就我看五分钟。
2. 桌上的饭菜这么少，小王吃得不饱。
3. 虽然天气很好，可她但是作业还没做完，不能出去玩。
4. 今天早上，我打了公共汽车去上班。
5. 这句话我不读得好，您帮我读一下吧。

三、根据你自己的情况，回答下面的问题
Answer the following questions according to your own situation

1. 你知道从你的大学坐公共汽车怎么去动物园吗？
2. 要是你坐地铁去北京火车站，你知道离你最近的地铁入口处在哪儿吗？要坐几站能到？
3. 你坐出租汽车的时候，喜欢走红绿灯多的近路还是喜欢走红绿灯少的远路？
4. 从你住的地方出去，打车方便吗？
5. 你平时出门时，最常用的交通工具是什么？
6. 你知道从你住的地方去天安门广场有几条路？

四、下面的话，你能说得更简单吗？
Can you simplify the following sentences?

1. 我去图书馆，你去哪儿？
2. 去火车站有两条路。东边的路近一点儿，西边的路远一点儿。
3. A: 地铁票多少钱？
   B: 地铁票三块钱一张。

4. A: 请问，你去什么地方？
   B: 我去语言大学。

5. A: 请问，您是从哪一站上的？
   B: 我是从天安门站上的。

6. 我坐出租汽车的时候，司机师傅对我说："请你到了你要去的地方的时候，告诉我一下吧。"

五、交际训练 Communication drills

功能项目 1: 售票/买票 Selling / Buying a ticket

范 句 Example:

A：刚上车的乘客，请买票。

B：麻烦您给我打张票。

功能项目 2: 询问上/下车的站点及回答 Asking which stop to get on/get off and responding

范 句 Examples:

(1) A：请问，去海龙大厦，应该在哪一站下？
    B：中关村站。

(2) A：请问，您从哪一站上的？
    B：人民大学。

功能项目 3: 询问票价及回答 Asking about the fare and responding

范 句 Example:

A：我去北京火车站，多少钱？

B：您去地铁内环、外环的任何一站，都是三块钱一张票。

功能项目 4：询问去某地的路线及回答
Asking about the route to a certain place and responding

范　句　Example:

A：去语言大学有几条路？
B：两条路。

功能项目 5：询问不同路线的远近差别及回答
Asking about the difference in the distance of different routes and responding

范　句　Example:

A: 这两条路差多少公里？
B: 也就一两公里吧。

功能项目 6：询问对方对坐车路线的要求及回答
Asking which route to take and responding

范　句　Example:

A：您看，咱们从哪条路走？
B：走西边的吧。

练习 Exercises

参照功能项目中的范句，两个同学一组作对话练习
Based on the above examples, make dialogues with your partner

1. 一个作公共汽车上的乘客，另一个作车上的售票员，两人设计一个情景作对话。
   Design a situation: One is a passenger, on a bus, and the other is a conductor.

2. 一个作出租汽车上的乘客，另一个作车上的司机，两人设计一个情景作对话。
   Design a situation: One is a passenger on a taxi, and the other is the driver.

六、语段表达 Narration

1. 请用第三人称复述情景1、情景2、情景3中的内容。
   Retell what happened in scenes 1, 2 and 3 in the third person.
2. 谈一谈你在中国使用交通工具的经历。
   Talk about your experience of using the means of transport in China.

补充词语 Supplementary Vocabulary

1. 站台票	(名)	zhàntáipiào	platform ticket
2. 月票	(名)	yuèpiào	monthly ticket
3. 儿子	(名)	érzi	son
4. 离	(介)	lí	be away from
5. 交通工具		jiāotōng gōngjù	means of transport
6. 天安门广场	(专名)	Tiān'ānmén Guǎngchǎng	Tian'anmen Square

第二十四课
LESSON TWENTY-FOUR

旅行前的准备和计划

Preparing for a Journey

对话
Dialogues

情景 1：艾丽在火车站售票处咨询。
Scene 1: Ally is consulting at the railway ticket office.

艾 丽：请问，从 北京 到 上海 的 火车 有 几 班？
Qǐngwèn, cóng Běijīng dào Shànghǎi de huǒchē yǒu jǐ bān?

售票员：您 要 坐 直达车，还是 路过车？
Nín yào zuò zhídáchē, háishi lùguòchē?

艾 丽：直达车。
Zhídáchē.

售票员：直达车 有 两 班，一 班 是 特快，一 班 是 普快。
Zhídáchē yǒu liǎng bān, yì bān shì tèkuài, yì bān shì pǔkuài.

艾 丽：请问 坐 特快 要 多 长 时间？
Qǐngwèn zuò tèkuài yào duō cháng shíjiān?

售票员：大概 十六 个 小时 左右 吧。
Dàgài shíliù ge xiǎoshí zuǒyòu ba.

艾 丽：一 张 特快 车票 多少 钱？
Yì zhāng tèkuài chēpiào duōshao qián?

售票员：特快 车票 有 好几 种，有 硬座、软座、
Tèkuài chēpiào yǒu hǎo jǐ zhǒng, yǒu yìngzuò、ruǎnzuò、
硬卧、软卧，您 要 买 哪一 种？
yìngwò、ruǎnwò, nín yào mǎi nǎ yì zhǒng?

艾 丽：硬卧 吧。
Yìngwò ba.

售票员：下铺 三百 二十 块，中铺 三百 一十 块，
Xiàpù sānbǎi èrshí kuài, zhōngpù sānbǎi yīshí kuài,
上铺 三百 零 五 块。
shàngpù sānbǎi líng wǔ kuài.

艾 丽：学生 买 火车票 可以 便宜 吗？
Xuésheng mǎi huǒchēpiào kěyǐ piányi ma?

售票员：凭 学生证，硬座 部分 可以 买 半票。
Píng xuéshēngzhèng, yìngzuò bùfen kěyǐ mǎi bànpiào.

艾 丽：我 现在 可以 买 下 个 月 的 票 吗？
Wǒ xiànzài kěyǐ mǎi xià ge yuè de piào ma?

售票员：您 在 售票处 只 能 提前 五 天 买 票，在
Nín zài shòupiàochù zhǐ néng tíqián wǔ tiān mǎi piào, zài
网 上 或者 打 电话 订 票，可以 提前
wǎng shang huòzhě dǎ diànhuà dìng piào, kěyǐ tíqián
十 天。
shí tiān.

艾 丽：好，谢谢 您。
Hǎo, xièxie nín.

售票员：不 客气。
Bú kèqi.

情景 2：大卫和保罗在商量寒假的旅行计划。

Scene 2: David and Paul are discussing the travel plan of the winter holiday.

保罗：大卫，你 说 咱们 寒假 去 哪儿 旅行 呢？
Dàwèi, nǐ shuō zánmen hánjià qù nǎr lǚxíng ne?

大卫：要不 去 南方 玩儿玩儿，我 来 北京 已经 好 几 个 月 了，只 去过 北方 的 几 个 城市，还 没 去过 中国 的 南方 呢。
Yàobu qù nánfāng wánrwanr, wǒ lái Běijīng yǐjing hǎo jǐ gè yuè le, zhǐ qùguo běifāng de jǐ ge chéngshì, hái méi qùguo Zhōngguó de nánfāng ne.

保罗：我 也 想 去 南方 看看，听说，南方 的 冬天 不 太 冷。
Wǒ yě xiǎng qù nánfāng kànkan, tīngshuō, nánfāng de dōngtiān bú tài lěng.

大卫：那 咱们 看 一下 这 张 中国 旅游 地图，商量 一下 去 南方 的 哪些 地方 吧。
Nà zánmen kàn yíxià zhè zhāng Zhōngguó lǚyóu dìtú, shāngliang yíxià qù nánfāng de nǎxiē dìfang ba.

保罗：好。
Hǎo.

大卫：你 看，这 是 云南。听说 那里 的 风景 很 美，气候 也 不错。
Nǐ kàn, zhè shì Yúnnán. Tīngshuō nàli de fēngjǐng hěn měi, qìhòu yě búcuò.

保罗：好像 那儿 的 少数 民族 也 不 少，我 对
Hǎoxiàng nàr de shǎoshù mínzú yě bù shǎo, wǒ duì
中国 少数 民族 的 生活 很 感 兴趣。
Zhōngguó shǎoshù mínzú de shēnghuó hěn gǎn xìngqù.

大卫：好，那 我们 可以 先 去 昆明。
Hǎo, nà wǒmen kěyǐ xiān qù Kūnmíng.

保罗：然后 再 去 桂林 吧。"桂林 山水 甲 天下"，我 早
Ránhòu zài qù Guìlín ba. "Guìlín shānshuǐ jiǎ tiānxià", wǒ zǎo
就 想 去 了。
jiù xiǎng qù le.

大卫：好，就 这么 定 了，咱们 一 放 寒假 就
Hǎo, jiù zhème dìng le, zánmen yí fàng hánjià jiù
出发 吧。
chūfā ba.

短文 Text

大卫 和 保罗 打算 寒假 的 时候 去 旅行。他们
Dàwèi hé Bǎoluó dǎsuan hánjià de shíhou qù lǚxíng. Tāmen
都 想 去 中国 的 南方 看看。他们 已经
dōu xiǎng qù Zhōngguó de nánfāng kànkan. Tāmen yǐjing
商量 好 了 旅行 的 路线。
shāngliang hǎo le lǚxíng de lùxiàn.

生 词
New Words

1. 计划	（名、动）	jìhuà	plan; project; to programme; to plan
2. 咨询	（动）	zīxún	to seek advice; to consult
3. 班	（量）	bān	*a measure word for scheduled forms of transportation*
4. 直达	（动）	zhídá	through; nonstop
5. 路过	（动）	lùguò	to pass through
6. 特快	（名）	tèkuài	special express (train)
7. 普快	（名）	pǔkuài	ordinary express (train)
8. 时间	（名）	shíjiān	time
9. 小时	（名）	xiǎoshí	hour
10. 好几		hǎo jǐ	several
11. 硬座	（名）	yìngzuò	hard seat
12. 软座	（名）	ruǎnzuò	soft seat
13. 硬卧	（名）	yìngwò	hard sleeper
14. 软卧	（名）	ruǎnwò	soft sleeper
15. 下铺	（名）	xiàpù	lower berth
16. 中铺	（名）	zhōngpù	middle berth
17. 上铺	（名）	shàngpù	upper berth

18. 凭	(介)	píng	to base on; to take as the basis
19. 学生证	(名)	xuéshēngzhèng	student ID card
20. 部分	(名)	bùfen	part; section; share
21. 半票	(名)	bànpiào	half-price ticket; half fare
22. 提前	(动)	tíqián	to do sth. in advance or ahead of time
23. 订票		dìng piào	to book a ticket
24. 商量	(动)	shāngliang	to consult; to discuss; to talk over
25. 寒假	(名)	hánjià	winter vacation
26. 要不	(连)	yàobù	otherwise
27. 南方	(名)	nánfāng	south
28. 城市	(名)	chéngshì	city
29. 旅游	(动)	lǚyóu	to travel
30. 风景	(名)	fēngjǐng	scenery; landscape
31. 少数民族		shǎoshù mínzú	minority nationality; ethnic minority
32. 一…就…		yī…jiù…	no sooner ... than ...; the moment ...; ... as soon as ...; once
33. 对…感兴趣		duì…gǎn xìngqù	to be interested in

34. 然后	（连）	ránhòu	then; after that; afterwards
35. 桂林山水甲天下		Guìlín shānshuǐ jiǎ tiānxià	Guilin's scenery is the best in the world.
36. 定	（动）	dìng	to decide; to fix; to set
37. 出发	（动）	chūfā	to start out
38. 路线	（名）	lùxiàn	route; itinerary

专　名　Proper Nouns

1. 云南	Yúnnán	Yunnan
2. 昆明	Kūnmíng	Kunming
3. 桂林	Guìlín	Guilin

注　释 Notes

1. "凭学生证，硬座部分可以买半票。"

"凭"是介词，表示"凭借，依靠，根据"。一般跟名词组合，可在主语前。例如：

"凭" is a preposition, meaning "with". It is usually used before the subject of the sentence, combined with a noun, e.g.

(1) 凭经验，我知道应该怎么办。

(2) 凭身份证，可以领一张免费的入场券。

2. "大卫,你说咱们寒假去哪儿旅行呢?"

"要不去南方玩儿玩儿,我来北京已经好几个月了,只去过北方的几个城市,还没去过中国的南方呢。"

连词"要不"可以引进与上下文交替的情况。这种用法,在口语中较为常见。例如:

The conjunction "要不" links what precedes with what follows. And this usage is very common in spoken Chinese, e.g.

(1) 你找她,可以给她打电话,要不留个条子也可以。

(2) 小李不在家,就在学校,要不就是出去买东西了。

3. "好,那我们可以先去昆明。"

"然后再去桂林吧。"

这两句话中的"先……。然后……"可表示连续动作的先后顺序。例如:

In these two sentences, "先(first) ……。然后(then) ……" indicates the order of consecutive actions, e.g.

(1) 他先去邮局,然后再去买东西。

(2) 我们要先办护照,然后再办签证。

4. "'桂林山水甲天下',我早就想去了。""好,就这么定了……"

第一句话中的"我早就想去了"中的副词"就",强调在很久以前已经发生。"就"前一定要有时间词语或别的副词。例如:

The adverb "就" in the first sentence "我早就想去了" is used to emphasize something happened a long time ago. A time phrase or other adverb must be put before "就", e.g.

(1) 他十岁就去过日本了。

(2) 小李从小就很认真。

第二句中的副词"就",是承接对方的话,表示同意。例如:

The adverb "就" in the second sentence "好,就这么定了……" indicates the speaker's agreement with what the other party said, e.g.

(1) 好,这件事就这么办吧。

(2) 就这样吧,我和她商量一下。

5.“咱们一放寒假就出发吧。”

“一……就……” 表示前后两个动作或情况在时间上连接得很紧。例如：

The structure “一……就……” indicates two successive actions, one immediately after the other, e.g.

(1) 他一吃完午饭，就上街了。

(2) 小张一回到中国，就给我打了个电话。

练 习
Exercises

一、用正确的语调读下边的句子，注意重音
Read the following sentences with correct intonation, paying attention to the stress

1. 您要做直达车，还是路过车？
2. 特快车票有好几种，有软座、硬卧、软卧，您要买哪一种？
3. 学生买火车票可以便宜吗？
4. 我来北京已经好几个月了，只去过北方的几个城市，还没去过中国的南方呢。
5. 好，就这么定了，咱们一放寒假就出发吧。

二、下面这些句子里，有些错误，请你改正一下并读一读
Correct the errors in the following sentences and read them out

1. 凭天气，我们明天可以去山上。
2. 我先给他打个电话，你然后去找他。
3. 小王一到法国，就我跟他联系。
4. 天晴了，咱们去外面要不？
5. 小张感兴趣西方音乐。

三、根据你自己的情况，回答下面的问题
Answer the following questions according to your own situation

1. 你在中国坐过火车吗？如果坐过，坐的是什么车？
2. 你（打算）怎么买火车票？
3. 你假期打算去哪儿旅行？为什么？
4. 你计划中的旅行路线是什么？
5. 你对中国的什么地方比较感兴趣？

四、体会句中"就"的意思和用法，并模仿造句
Note the meanings and use of "就" in the following sentences, and make sentences after the following examples

1. 听见了，我就来。
2. 今天早上有考试，小张六点就起床了。
3. 这就是那位作家的照片。
4. 小李打完电话就出去了。
5. 书架上就三本书。

五、交际训练 Communication drills

功能项目 1：询问去某地的交通工具的数量及回答
Asking the frequency of transport and responding

范　句　Example:

A：请问，从北京到上海的火车有几班？
B：直达车有两班。

功能项目 2：询问对方对乘车种类的选择及回答
Asking about the type of vehicles and responding

范　句　Examples:

(1) A：您要坐直达车，还是路过车？
　　B：直达车。

(2) A：特快火车有好几种，有软座、硬卧、软卧，您要买哪一种？
　　B：硬卧吧。

功能项目 3：询问别人对旅行地点的意见及回答
Asking about one's view on the travel destination and responding

范　句　Example:

A：大卫，你说咱们寒假去哪儿旅行呢？
B：要不去南方玩儿玩儿，……

功能项目 4：推测　Conjecture

范　句　Example:

好像那儿的少数民族也不少，我对中国少数民族的生活很感兴趣。

功能项目 5：约定　Agreement

范　句　Example:

好，就这么定了，咱们一放寒假就出发吧。

练习 Exercises

参照功能项目中的范句，两个同学一组作对话练习

Based on the above examples, make dialogues with your partner

1. 一个同学作买火车票的人，另一个同学作售票员，作对话。
   One is suppesed to be a person who buys a train ticket, and the other is to be a ticket seller.
2. 一起设计一下假期出去旅行的路线并作对话。
   Plan the route of your journey in a holiday.

六、语段表达 Narration

1. 请用第三人称复述情景 1 和情景 2 中的内容。
   Retell what happened in Scene 1 and Scene 2 in the third person.
2. 谈一谈你在中国买火车票的经历。
   Talk about your experience of buying train tickets in China.
3. 谈一谈你的旅行计划。
   Talk about your travel plan.

补充词语 Supplementary Vocabulary

1. 经验	(名)	jīngyàn	experience
2. 身份证	(名)	shēnfènzhèng	identity card
3. 免费		miǎn fèi	free of charge
4. 入场券	(名)	rùchǎngquàn	admission ticket
5. 条子	(名)	tiáozi	brief information note
6. 护照	(名)	hùzhào	passport
7. 签证	(名)	qiānzhèng	visa

词 汇 总 表 Vocabulary

A

啊	(助)	a	*a modal particle*	8
哎	(叹)	āi	*showing surprise or disapproval*	18
哎呀	(叹)	āiyā	*a particle*	18
爱	(动)	ài	to like; to love	20
爱好	(名)	àihào	interest; hobby	20
安装	(动)	ānzhuāng	to install	11
按	(介)	àn	in accordance with; on the basis of	9

B

吧	(助)	ba	*a particle (indicating a supposition)*	5
把	(量)	bǎ	*a measure word*	6
爸爸	(名)	bàba	father; dad	5
白色	(名)	báisè	white (color)	21
白天	(名)	báitiān	daytime	8
百	(数)	bǎi	hundred	9
摆	(动)	bǎi	to put; to place; to arrange	21
拜年		bài nián	to pay a New Year call	21
班	(量)	bān	*a measure word for scheduled forms of transportation*	24
班	(名)	bān	class	8
办公楼	(名)	bàngōnglóu	office building	10
办公室	(名)	bàngōngshì	office	1
半	(数)	bàn	half; semi-	9
半票	(名)	bànpiào	half-price ticket; half fare	24
帮助	(动)	bāngzhù	to help	2

包裹	（名）	bāoguǒ	bundle; package; parcel	17
包括	（动）	bāokuò	to include; to consist of	13
包子	（名）	bāozi	steamed stuffed bun	7
饱	（形）	bǎo	to have eaten one's fill; be full	22
报纸	（名）	bàozhǐ	newspaper	15
杯	（量）	bēi	*a measure word for cups*, glasses	7
北边	（名）	běibian	north	10
北方	（名）	běifāng	north	21
本	（量）	běn	*a measure word for books*	15
本市		běn shì	this city	17
本子	（名）	běnzi	notebook	4
比	（介）	bǐ	(*used to compare differences in properties and degrees*) than; (superior or inferior) to	14
比价	（名）	bǐjià	rate of exchange	13
比较	（副）	bǐjiào	comparatively; fairly	16
笔	（名）	bǐ	pen	12
必修课	（名）	bìxiūkè	required (obligatory) course	8
表姐	（名）	biǎojiě	elder cousin (daughter of mother's brother or father's sister)	5
表姐夫	（名）	biǎojiěfu	husband of elder cousin	5
别	（副）	bié	don't	9
别的	（代）	biéde	others	9
病历	（名）	bìnglì	medical record; case history	19
拨	（动）	bō	to dial	12
不	（副）	bù	no; not	1
不错	（形）	búcuò	not bad; pretty good	9
不过	（连、副）	búguò	however, yet	7
不是……吗		búshì……ma	isn't that ...	14
不同		bù tóng	different	4
不用	（动）	búyòng	need not	3
部分	（名）	bùfen	part; section; share	24

C

擦	（动）	cā	to wipe	21
猜	（动）	cāi	to guess; to speculate	5
才	（副）	cái	only; just	7
彩纸	（名）	cǎizhǐ	coloured paper	21
菜单	（名）	càidān	menu	22
参观	（动）	cānguān	to visit (a place, exhibition, etc.)	10
操场	（名）	cāochǎng	playground; sports ground	10
草	（名）	cǎo	grass; straw	10
层	（量）	céng	storey; tier	3
叉	（名）	chā	fork	21
茶	（名）	chá	tea	20
差	（动）	chà	to differ from; to fall short of	14
长	（形）	cháng	long	21
尝	（动）	cháng	to have a taste, to try	7
常常	（副）	chángcháng	usually; often	7
常见	（形）	chángjiàn	ordinary; common; normal	13
唱歌		chàng gē	to sing	20
超级市场		chāojí shìchǎng	supermarket	10
超重		chāo zhòng	overweight	17
炒饭	（名）	chǎofàn	fried rice	22
车	（名）	chē	vehicle	23
车站	（名）	chēzhàn	station	10
称	（动）	chēng	weigh; scale	9
城市	（名）	chéngshì	city	24
乘	（动）	chéng	to ride; to take	23
乘客	（名）	chéngkè	passenger	23
乘坐	（动）	chéngzuò	to take (a plane or boat); to ride (in a train or vehicle)	23
秤	（名）	chèng	balance; steelyard	17
吃	（动）	chī	to eat	7
出发	（动）	chūfā	to start out	24

出门		chū mén	to go out	10
出去		chū qù	to go out	12
出生	(动)	chūshēng	to be born	14
出头		chū tóu	a little over; odd	18
出租汽车		chūzū qìchē	taxi	10
除了……以外		chúle……yǐwài	apart from ...; except ...	20
厨房	(名)	chúfáng	kitchen	6
处方	(名)	chǔfāng	prescription; recipe	19
传统	(名)	chuántǒng	tradition	21
窗口	(名)	chuāngkǒu	window	23
床	(名)	chuáng	bed	6
春天	(名)	chūntiān	spring; springtime	14
从	(介)	cóng	from	3
从……到……		cóng……dào……	from ... to ...	8
存	(动)	cún	to save; to deposit	13

D

打	(量)	dá	a dozen	21
打(篮球)	(动)	dǎ(lánqiú)	to play (basketball)	10
打(电话)	(动)	dǎ(diànhuà)	to make a call	12
打(票)	(动)	dǎ(piào)	to buy (a ticket)	23
打(车)	(动)	dǎ(chē)	to take (a taxi)	23
打算	(动)	dǎsuan	to plan; to intend	7
大	(形)	dà	old; big	5
大概	(副)	dàgài	probably	16
大街	(名)	dàjiē	main street; avenue; street	11
大门	(名)	dàmén	main gate	10
大夫	(名)	dàifu	doctor	19
带	(动)	dài	to bring	6
戴	(动)	dài	to put on; to wear	18
单子	(名)	dānzi	list	11
但是	(连)	dànshì	however	8
刀	(名)	dāo	knife	21
到	(动)	dào	to arrive, to reach	3

到期		dào qī	to be due, to expire	15
得	(动)	dé	to contract; to suffer from	19
得	(助)	de	*a particle*	7
的	(助)	de	*a particle*	1
……的时候		……de shíhou	when …	8
得	(助动)	děi	to need; must; have to	8
登记	(动)	dēngjì	to register; to enter one's name	15
等	(动)	děng	to wait	12
等	(助)	děng	and so on; and so forth; etc.	11
等等	(助)	děngděng	and so on; etc.	20
低	(形)	dī	low	19
地方	(名)	dìfang	place	6
地毯	(名)	dìtǎn	carpet; rug	6
地铁	(名)	dìtiě	underground railway; subway; meto	23
地图	(名)	dìtú	map	3
地址	(名)	dìzhǐ	address	11
弟弟	(名)	dìdi	younger brother	5
第		dì	*prefix for ordinal numbers*	10
第一次		dì yī cì	the first time	2
点	(名)	diǎn	o'clock	7
点菜		diǎn cài	to order dishes (in a restaurant)	22
点儿	(量)	diǎnr	a little	7
电话	(名)	diànhuà	telephone	6
电脑	(名)	diànnǎo	computer	11
电梯	(名)	diàntī	lift; elevator	3
电影	(名)	diànyǐng	film	20
电子邮件		diànzǐ yóujiàn	e-mail	11
订票		dìng piào	to book a ticket	24
定	(动)	dìng	to decide; to fix; to set	24
定期	(名)	dìngqī	regular; fixed	13
东边	(名)	dōngbian	east	6
东门		dōng mén	east gate	10

东西	(名)	dōngxi	thing	4
冬天	(名)	dōngtiān	winter	16
懂	(动)	dǒng	to understand; to know	22
动	(动)	dòng	to move; to stir	22
动物园	(名)	dòngwùyuán	zoo	3
都	(副)	dōu	all; both	2
豆浆	(名)	dòujiāng	soya-bean milk	7
堵车		dǔ chē	to have a traffic jam	23
度	(量)	dù	degree	16
兑	(动)	duì	exchange	13
对	(形)	duì	correct; right	3
对	(介)	duì	to; towards	19
对……感兴趣		duì……gǎn xìngqu	to be interested in	24
对不起		duì bu qǐ	I'm sorry; excuse me; pardon me	4
对方	(名)	duìfāng	other party	12
顿	(量)	dùn	*a measure word used to indicate frequency of food, reproach, admonishment, beating, etc.*	22
多	(形)	duō	a lot of	2
多少	(代)	duōshao	how many; how much	4

E

饿	(形)	è	hungry	22
儿子	(名)	érzi	son	23

F

发烧		fā shāo	to run a fever; to have a temperature	19
发现	(动)	fāxiàn	to find; to discover	19
饭	(名)	fàn	food	7
饭馆儿	(名)	fànguǎnr	restaurant	20
方便	(形)	fāngbiàn	convenient	6
房间	(名)	fángjiān	room	6

放	（动）	fàng	to put; to place	17
非常	（副）	fēicháng	very much	21
分	（量）	fēn	(of money) *fen* (=1/100 of a *yuan*); cent	4
份	（量）	fèn	*measure word*	14
风	（名）	fēng	wind	16
风景	（名）	fēngjǐng	scenery; landscape	24
风味	（名）	fēngwèi	style, flavour	22
封	（量）	fēng	*a measure word for letters*	17
服务员	（名）	fúwùyuán	attendant	1
付	（动）	fù	to pay	22
附近	（名）	fùjìn	nearby; close to; in the vicinity	10
复习	（动）	fùxí	to review; to revise	8
复印	（动）	fùyìn	to copy	15
复印机	（名）	fùyìnjī	photocopier	15

G

干杯		gān bēi	to drink a toast; cheers	21
干净	（形）	gānjing	clean	21
赶快	（副）	gǎnkuài	quickly	22
感觉	（动）	gǎnjué	to feel; to sense; to perceive	21
感冒	（动、名）	gǎnmào	catch a cold; flu	19
刚	（副）	gāng	just	6
钢笔	（名）	gāngbǐ	pen	4
高	（形）	gāo	tall; high	10
高兴	（形）	gāoxìng	happy	2
告诉	（动）	gàosu	to tell	3
哥哥	（名）	gēge	elder brother	5
格式	（名）	géshi	form; pattern	17
个	（量）	gè	*a measure word*	3
个子	（名）	gèzi	height; stature; build	18
给	（动）	gěi	to give	4
给	（介）	gěi	for	9

根	(量)	gēn	*a meansure word for long, thin objects*	9
跟	(介)	gēn	with	11
工作	(动、名)	gōngzuò	work; job	5
公共汽车		gōnggòng qìchē	bus	10
公斤	(量)	gōngjīn	kilogram	18
公里	(量)	gōnglǐ	kilometre (km.)	23
公司	(名)	gōngsī	company	5
公用	(形)	gōngyòng	for public use; communal	6
宫保鸡丁		gōngbǎo jīdīng	stir-fried diced chicken with chilli and peanuts	22
购物		gòu wù	to go shopping	4
购物中心		gòu wù zhōngxīn	shopping centre	10
够	(形)	gòu	enough; sufficient; adequate	22
刮风		guā fēng	to blow wind	16
挂	(动)	guà	to register	19
挂号处	(名)	guàhàochù	registration office	19
拐	(动)	guǎi	to turn	3
光临	(动)	guānglín	gracious presence (of a guest, etc.)	22
逛街		guàng jiē	to stroll around the streets	10
柜台	(名)	guìtái	counter	4
贵	(形)	guì	expensive	9
贵姓		guì xìng	(a form of respect) your surname	1
桂林山水甲天下		Guìlín shānshuǐ jiǎ tiānxià	Guilin's scenery is the best in the world.	24
国	(名)	guó	country; state	2
国际	(名)	guójì	international	20
国内	(名)	guónèi	internal; domestic	17
国外	(名)	guówài	overseas; abroad	17
过(生日)	(动)	guò	to celebrate (one's birthday)	14
过	(助)	guo	*a particle (indicating past experience)*	7

过节		guò jié	to celebrate a festival	21
过敏	(动)	guòmǐn	to be allergic	19

H

还	(副)	hái	even more; still more	6
还是	(连)	háishi	or	13
还有		hái yǒu	and; also	2
寒假	(名)	hánjià	winter vacation	24
寒流	(名)	hánliú	cold current	16
汉语	(名)	Hànyǔ	Chinese (language)	8
汉字	(名)	Hànzì	Chinese character	8
好	(形)	hǎo	fine; good; well	1
好吃	(形)	hǎochī	delicious	22
好几		hǎo jǐ	several	24
好看	(形)	hǎokàn	good-looking; nice	6
好像	(动)	hǎoxiàng	to seem; to be like	3
号	(名)	hào	number	11
号码	(名)	hàomǎ	number	11
喝	(动)	hē	to drink	7
和	(介、连)	hé	with; and	1
很	(副)	hěn	very	2
红绿灯	(名)	hónglǜdēng	traffic lights; traffic signals	23
红色	(名)	hóngsè	red (color)	21
红叶	(名)	hóngyè	red leaves; autumn leaves	16
后面	(名)	hòumian	at the back; in the rear; behind	10
呼机	(名)	hūjī	beeper; pager	11
互相	(副)	hùxiāng	mutually; each other	2
护士	(名)	hùshi	nurse	19
护照	(名)	hùzhào	passport	24
花	(动)	huā	to spend	9
花儿	(名)	huār	flower; blossom; bloom	6
花园	(名)	huāyuán	flower garden; garden	10
欢迎	(动)	huānyíng	to welcome	1
还	(动)	huán	to return	15

环境	(名)	huánjìng	environment; surroundings; circumstances	10
换钱		huàn qián	to exchange money	3
黄色	(名)	huángsè	yellow (color)	21
黄油	(名)	huángyóu	butter	7
回	(动)	huí	to answer; to reply	12
回来		huí lái	to come back	12
会	(助动)	huì	to be likely to; to be sure to	7
活期	(名)	huóqī	current	13
火车站	(名)	huǒchēzhàn	railway station	23
或	(连)	huò	or; either ... or ...	5
或者	(连)	huòzhě	or	7

J

鸡蛋	(名)	jīdàn	egg	7
极	(副)	jí	extremely; exceedingly	8
几	(数)	jǐ	how many	5
计程器	(名)	jìchéngqì	taximeter	23
计划	(名、动)	jìhuà	plan; project; to programme; to plan	24
记	(动)	jì	to write down; to record	12
记住		jì zhù	to remember	14
季节	(名)	jìjié	season	16
寄	(动)	jì	to send; to post; to mail	17
家	(名)	jiā	family; household	5
家	(量)	jiā	*a measure word for families or enterprises*	3
家具	(名)	jiājù	furniture	6
家里人		jiā li rén	family member	17
家庭	(名)	jiātíng	family; household	5
煎	(动)	jiān	to fry in shallow oil	7
减肥		jiǎn féi	to slim; to diet; to lose weight	18
检查	(动)	jiǎnchá	to check; to inspect; to examine	19

检票		jiǎn piào	to check tickets	23
见到		jiàn dào	to meet	1
见面		jiàn miàn	to meet	1
件	(量)	jiàn	*a measure word for clothes*	9
交通工具		jiāotōng gōngjù	means of transport	23
交通中心		jiāotōng zhōngxīn	communication center	10
角	(名)	jiǎo	*jiao, equal to one-tenth of a yuan*	17
饺子	(名)	jiǎozi	dumpling (with meat and vegetable stuffing)	21
叫	(动)	jiào	to call; to name	1
教室	(名)	jiàoshì	classroom	2
教学楼	(名)	jiàoxuélóu	teaching building	10
接	(动)	jiē	to receive; to answer	12
接着	(副)	jiēzhe	then	16
节	(量)	jié	*a measure word*; section; length	8
节日	(名)	jiérì	festival	21
姐姐	(名)	jiějie	elder sister; sister	5
介绍	(动)	jièshào	to introduce	2
借	(动)	jiè	to borrow	15
借期	(名)	jièqī	lending period	15
借书证	(名)	jièshūzhèng	library card	15
今年	(名)	jīnnián	this year	16
今天	(名)	jīntiān	today	2
斤	(量)	jīn	*jin*, Chinese unit of weight (500g)	9
金色	(名)	jīnsè	golden	21
紧张	(形)	jǐnzhāng	nervous; tense	8
近	(形)	jìn	near; close	23
进步	(动)	jìnbù	to improve	8
进去		jìn qù	to go in; to enter	10
京酱肉丝		jīngjiàng ròusī	Beijing-style shredded pork flavoured with soybean sauce	22

经常	(副)	jīngcháng	frequently; regularly; often	16
经理	(名)	jīnglǐ	manager; director	5
经验	(名)	jīngyàn	experience	24
酒	(名)	jiǔ	alcoholic drink; wine	20
酒吧	(名)	jiǔbā	pub; bar	20
酒杯	(名)	jiǔbēi	wine cup	21
就	(副)	jiù	exactly; precisely	3
就	(连)	jiù	then	9
舅舅	(名)	jiùjiu	uncle (mother's brother)	5
舅妈	(名)	jiùmā	aunt (wife of mother's brother)	5
句	(量)	jù	*a measure word for language*	7
句子	(名)	jùzi	sentence	8
觉得	(动)	juéde	to feel; to think	8

K

咖啡	(名)	kāfēi	coffee	7
咖啡厅	(名)	kāfēitīng	coffee bar	10
开(花)	(动)	kāi(huā)	to bloom	16
开玩笑		kāi wánxiào	joke; crack a joke	20
开(晚会)	(动)	kāi(wǎnhuì)	to hold (a party)	21
开药		kāi yào	to write a prescription	19
开(账户)	(动)	kāi(zhànghù)	to open	13
开始	(动)	kāishǐ	to begin; to start	8
开水	(名)	kāishuǐ	boiled water; hot water	19
看	(动)	kàn	to look at	3
看病		kàn bìng	to see a doctor	19
看见		kàn jiàn	to see	3
看来		kànlái	it seems that; to look like	7
看起来		kàn qǐlai	it seems; it looks as if	3
可	(连)	kě	*used for emphasis*	9
可爱	(形)	kě'ài	lovely	6
可乐	(名)	kělè	coke	22
可能	(副)	kěnéng	perhaps; probably	17

可是	(连)	kěshì	but; however	3
可以	(助动)	kěyǐ	can; may	1
客气	(形)	kèqi	polite; courteous	3
口	(量)	kǒu	*a measure word*	5
口服液	(名)	kǒufúyè	oral liquid	19
口语	(名)	kǒuyǔ	spoken language	8
块	(量)	kuài	piece; lump	4
快	(副)	kuài	soon	16
快	(形)	kuài	fast; quick; rapid	8
快乐	(形)	kuàilè	cheerful; happy	14
困	(形)	kùn	sleepy	7

L

蜡烛	(名)	làzhú	candle	21
辣	(形)	là	peppery; spicy	22
来	(动)	lái	to come	1
来	(动)	lái	*used before another verb to indicate an intended or suggested action*	9
蓝色	(名)	lánsè	blue (color)	21
篮球	(名)	lánqiú	basketball	10
老	(形)	lǎo	old	1
老师	(名)	lǎoshī	teacher	1
老外	(名)	lǎowài	foreigner	20
了	(助)	le	*a particle*	1
雷阵雨	(名)	léizhènyǔ	thunderstorm	16
冷	(形)	lěng	cold	16
离	(介)	lí	be away from	23
里	(名)	lǐ	in; in side	3
礼物	(名)	lǐwù	gift; present	14
力气	(名)	lìqi	physical strength; effort	19
历史	(名)	lìshǐ	history	8
利息	(名)	lìxi	interest	13
俩	(数)	liǎ	two	6

联系	(动)	liánxì	to contact; to get in touch with; to link	11
脸	(名)	liǎn	face	18
凉快	(形)	liángkuài	(pleasantly) cool	16
量	(动)	liáng	to measure	19
两	(量)	liǎng	*liang, a unit of weight*	9
两	(数)	liǎng	two	2
聊天		liáo tiān	to chat	5
了解	(动)	liǎojiě	to know; to understand	20
零	(数)	líng	zero; nought	4
零	(形)	líng	odd; zero	13
零钱	(名)	língqián	small change; change	22
零下		líng xià	below zero	16
流感	(名)	liúgǎn	influenza	19
留学生	(名)	liúxuéshēng	student studying abroad	1
楼上		lóu shàng	upstairs	3
路	(名)	lù	road; path; way	3
路	(量)	lù	line; route	10
路过	(动)	lùguò	to pass through	24
路上		lù shang	on one's way	2
路线	(名)	lùxiàn	route; itinerary	24
旅行	(动)	lǚxíng	to travel; tour	16
旅游	(动)	lǚyóu	to travel	24
绿	(形)	lǜ	green	16
绿色	(名)	lǜsè	green (color)	21
落后	(动)	luòhòu	to fall behind; to lag behind	8

M

妈妈	(名)	māma	mother; mum	5
麻烦	(动)	máfan	to trouble; to bother; to put sb. to trouble	23
马路	(名)	mǎlù	road	23
吗	(助)	ma	*a particle (denoting a question)*	1
买	(动)	mǎi	to buy; to purchase	4

买单		mǎi dān	to pay a bill	22
卖	（动）	mài	to sell	4
忙	（形）	máng	busy	8
忙	（动）	máng	to be busy about	14
毛	（量）	máo	*mao* (one-tenth of a *yuan*)	4
没	（副）	méi	no; not	5
没错儿		méi cuòr	correct; right	16
每	（代）	měi	every; each	6
每天		měi tiān	everyday	7
美	（形）	měi	pretty; beautiful	16
美元	（名）	měiyuán	US dollar	13
妹妹	（名）	mèimei	younger sister	5
闷热	（形）	mēnrè	hot and stuffy; stifling hot	16
门口	（名）	ménkǒu	entrance; doorway	10
门诊	（名）	ménzhěn	outpatient service	19
门诊部	（名）	ménzhěnbù	clinic; outpatient department	19
米	（量）	mǐ	metre	18
米饭	（名）	mǐfàn	rice	22
密码	（名）	mìmǎ	code; secret code	13
免费		miǎn fèi	free of charge	24
免贵		miǎn guì	(*pol.*) my surname is ...	1
面包	（名）	miànbāo	bread	7
面条儿	（名）	miàntiáor	noodles	22
苗条	（形）	miáotiao	(of a woman) slender; slim	18
名片	（名）	míngpiàn	name card	11
名胜古迹		míngshèng gǔjì	scenic spots and historical sites	20
名字	（名）	míngzi	name	1
明天	（名）	míngtiān	tomorrow	11

N

嗯	（叹）	ǹ	*an interjection*	22
拿	（动）	ná	to hold	4
哪	（代）	nǎ	which; what	2

哪儿	(代)	nǎr	where	3
哪些	(代)	nǎxiē	which	11
那	(副)	nà	then; in that case	9
那	(代)	nà	that	4
那边	(代)	nàbian	over there	15
那么	(代)	nàme	like that; in that way	9
奶奶	(名)	nǎinai	(paternal) grandmother; grandma	5
男人	(名)	nánrén	man	5
男士	(名)	nánshì	gentleman	3
南边	(名)	nánbian	south	10
南方	(名)	nánfāng	south	24
南门	(名)	nánmén	south gate	10
难	(形)	nán	difficult	7
呢	(助)	ne	*an auxiliary word used at the end of an interrogative sentence*	2
内环	(名)	nèihuán	inner circular an route	23
内科	(名)	nèikē	(department of) internal medicine	19
内容	(名)	nèiróng	content	11
能	(助动)	néng	can	8
你	(代)	nǐ	you (singular)	1
你们	(代)	nǐmen	you (plural)	1
年	(名)	nián	year	13
年纪	(名)	niánjì	age	5
年轻	(形)	niánqīng	young	18
念	(动)	niàn	to read	11
您	(代)	nín	you (singular, polite form)	1
牛奶	(名)	niúnǎi	milk	7
农历	(名)	nónglì	Chinese lunar calendar	21
农贸市场		nóngmào shìchǎng	market of farm produce	9
弄错		nòng cuò	to make a mistake	14
努力	(形)	nǔlì	diligent; hardworking	8

女朋友		nǚ péngyou	girlfriend	14
暖和	（形）	nuǎnhuo	warm	16
暖气	（名）	nuǎnqì	heating	16

O

哦	（助）	ò	*interj. (expressing realization and understanding)*	20
欧元	（名）	ōuyuán	Euro	13

P

拍	（动）	pāi	to take (a picture)	16
牌子	（名）	páizi	brand; trademark	4
盘子	（名）	pánzi	tray; plate; dish	21
旁边	（名）	pángbiān	side	3
胖	（形）	pàng	fat; stout; plump	18
跑步		pǎo bù	to run; to jog	20
陪	（动）	péi	to accompany; to keep sb. company	19
盆	（量）	pén	*a measure word*	6
朋友	（名）	péngyou	friend	1
碰到		pèng dào	to come across	7
碰见		pèng jiàn	to meet unexpectedly; to run into	18
啤酒	（名）	píjiǔ	beer	21
便宜	（形）	piányi	cheap; inexpensive	9
片	（量）	piàn	*a measure word for things that are in the form of flat, thin pieces*	19
漂亮	（形）	piàoliang	pretty; attractive; beautiful	6
票	（名）	piào	ticket	23
平均	（形）	píngjūn	average	16
平时	（名）	píngshí	usually; ordinarily	10
平头	（名）	píngtóu	closely cropped hair	18
凭	（介）	píng	to rely on; be based on	24
瓶	（量）	píng	bottle; jar; vase	4

葡萄酒	(名)	pútaojiǔ	wine	21
普快	(名)	pǔkuài	ordinary express (train)	24

Q

棋	(名)	qí	chess	20
起床		qǐ chuáng	to get up	7
起居	(名)	qǐjū	daily life	7
气候	(名)	qìhòu	climate	16
气球	(名)	qìqiú	balloon	21
气温	(名)	qìwēn	air temperature	16
铅笔	(名)	qiānbǐ	pencil	4
签证	(名)	qiānzhèng	visa	24
前	(名)	qián	forward; ahead	3
钱	(名)	qián	money	4
钱包	(名)	qiánbāo	wallet; purse	4
巧	(形)	qiǎo	accidentally; luckily	14
亲戚	(名)	qīnqi	relative	5
情况	(名)	qíngkuàng	situation; condition; state of affairs	6
晴天	(名)	qíngtiān	fine day, sunny day	16
请	(动)	qǐng	please; to invite	2
请问		qǐngwèn	excuse; please	1
庆祝	(动)	qìngzhù	to celebrate	21
秋天	(名)	qiūtiān	autumn	16
区	(名)	qū	district	10
取	(动)	qǔ	to draw	13
去	(动)	qù	to go	3
去年	(名)	qùnián	last year	16
全身	(名)	quánshēn	whole body	19

R

然后	(连)	ránhòu	then; after that; afterwards	24
让	(动)	ràng	to let	11
热	(形)	rè	hot	16
热闹	(形)	rènao	lively; bustling	21

人	（名）	rén	person	1
人民币	（名）	rénmínbì	Renminbi	13
人员	（名）	rényuán	personnel; staff	11
认识	（动）	rènshi	to know; to be aquainted with	2
任何	（代）	rènhé	any; whatever	23
日	（名）	rì	day	14
日子	（名）	rìzi	day	21
如果	（连）	rúguǒ	if; in case	11
入场券	（名）	rùchǎngquàn	admission ticket	24
入口处	（名）	rùkǒuchù	entrance	23
入乡随俗		rù xiāng suí sú	While in Rome, do as the Romans do.	7
软卧	（名）	ruǎnwò	soft sleeper	24
软座	（名）	ruǎnzuò	soft seat	24

S

三鲜汤		sānxiān tāng	three delicacies soup	22
嗓子	（名）	sǎngzi	throat; larynx	19
商场	（名）	shāngchǎng	large department store	3
商店	（名）	shāngdiàn	shop; store	4
商量	（动）	shānliang	to consult; to discuss; to talk over	24
商业中心		shāngyè zhōngxīn	commercial centre	10
上	（名）	shàng	on	5
上(车)	（动）	shàng (chē)	to get on (a vehicle)	23
上(一)次		shàng(yí) cì	last time	15
上课		shàng kè	to attend class; to conduct a class	2
上铺	（名）	shàngpù	upper berth	24
上网		shàng wǎng	to surf the net	15
上午	（名）	shàngwǔ	morning	8
稍	（副）	shāo	a little; slightly	12
稍后		shāo hòu	after a while	12
少	（形）	shǎo	few; little	6

少数民族		shǎoshù mínzú	minority nationality; ethnic minority	24
身材	(名)	shēncái	stature; figure; build	18
身份证	(名)	shēnfènzhèng	identity card	24
身体	(名)	shēntǐ	body; health	7
什么	(代)	shénme	what	1
什么的		shénmede	and so on	8
生活	(名、动)	shēnghuó	life; live	20
生日	(名)	shēngri	birthday	14
圣诞	(名)	shèngdàn	Christmas gift	17
圣诞树	(名)	shèngdànshù	Christmas tree	21
师傅	(名)	shīfu	master	1
十字路口		shízì lùkǒu	crossroads	3
时间	(名)	shíjiān	time	24
食堂	(名)	shítáng	dinning hall	1
始发站	(名)	shǐfāzhàn	departure station	23
式样	(名)	shìyàng	style; type; model	9
事	(名)	shì	matter; affair; thing; business	12
室内		shì nèi	indoors	16
是	(动)	shì	to be	1
收信人	(名)	shōuxìnrén	the person who receives the letter	17
手机	(名)	shǒujī	mobile phone	11
售货员	(名)	shòuhuòyuán	shop assistant; sales clerk	3
售票处	(名)	shòupiàochù	ticket office; booking office	23
售票员	(名)	shòupiàoyuán	ticket seller; conductor	23
瘦	(形)	shòu	thin	18
书	(名)	shū	book	15
书店	(名)	shūdiàn	bookshop; bookstore	18
书号	(名)	shūhào	book number	15
书架	(名)	shūjià	bookshelf; bookcase	6
书桌	(名)	shūzhuō	desk	6
舒服	(形)	shūfu	to be well	19

输入	(动)	shūrù	to input	13
树	(名)	shù	tree	10
谁	(代)	shuí	who	1
水果	(名)	shuǐguǒ	fruit	9
水平	(名)	shuǐpíng	level, standard	8
睡	(动)	shuì	to sleep	7
睡觉		shuì jiào	to go to bed; to sleep	7
说	(动)	shuō	to speak; to say	2
死	(形)	sǐ	extremely	22
送	(动)	sòng	to give	14
送货单	(名)	sònghuòdān	consignment invoice	11
送货上门		sòng huò shàng mén	deliver goods to the doorstep of a customer	11
俗语	(名)	súyǔ	proverb; common saying	7
宿舍	(名)	sùshè	dormitory	6
酸	(形)	suān	sour; tart	22
酸辣汤		suānlà tāng	hot and sour soup	22
算	(动)	suàn	to consider; to regard as; to count as	18
算	(动)	suàn	to calculate	23
岁	(量)	suì	year (of age)	14
所以	(连)	suǒyǐ	so	8

T

他(她)	(代)	tā	he(she); him(her)	1
他(她)们	(代)	tāmen	they; them	1
他人	(代)	tārén	other people	2
台	(量)	tái	*a measure word for mechanical device or a machine*	11
太	(副)	tài	very; quite; too	3
谈	(动)	tán	to talk	5
谈话		tán huà	to talk; to chat	16
糖醋鱼		tángcù yú	fish in sweet and sour sauce	22
躺	(动)	tǎng	to lie; to recline	19

讨价还价		tǎo jià huán jià	to bargain; to haggle	9
特别	（副）	tèbié	especially; particularly	20
特快	（名）	tèkuài	special express (train)	24
特快专递		tèkuài zhuāndì	express mail service (EMS)	17
特色	（名）	tèsè	characteristic; special feature	22
疼	（动）	téng	to ache; to be sore	19
踢	（动）	tī	to play; to kick	20
提前	（动）	tíqián	to do sth. in advance or ahead of time	24
体温	（名）	tǐwēn	body temperature	19
体温表	（名）	tǐwēnbiǎo	thermometer	19
体育	（名）	tǐyù	sports	20
体育馆	（名）	tǐyùguǎng	gymnasium	10
体重	（名）	tǐzhòng	(body) weight	18
天气预报		tiānqì yùbào	weather forecast	16
甜	（形）	tián	sweet	22
填	（动）	tián	to write; to fill in	11
条	（量）	tiáo	*measure word*	3
条子	（名）	tiáozi	brief information note	24
跳舞		tiào wǔ	dance	20
贴	（动）	tiē	to paste; to stick; to glue	17
听	（量）	tīng	can	22
听	（动）	tīng	to listen; to hear	20
听力	（名）	tīnglì	listening comprehension	8
听说	（动）	tīngshuō	it is said that ...	16
停	（动）	tíng	to stop	23
停车点	（名）	tíngchēdiǎn	parking area	10
挺	（副）	tǐng	very; rather	5
通	（形）	tōng	through	12
同屋	（名）	tóngwū	roommate	6
同学	（名）	tóngxué	classmate	1
头痛		tóu tòng	(to have a) headache	19
投	（动）	tóu	to put in	17
图书馆	（名）	túshūguǎn	library	8

图书管理员		túshū guǎnlǐyuán	librarian	15
团聚	(动)	tuánjù	to gather together; to reunite	21
退休	(动)	tuìxiū	to retire	5

W

外边	(名)	wàibian	outside	18
外出	(动)	wàichū	to go outside	16
外环	(名)	wàihuán	outer circular route	23
外汇	(名)	wàihuì	foreign exchange	13
完	(动)	wán	to finish	17
玩	(动)	wán	to play; to enjoy oneself	6
玩具熊	(名)	wánjùxióng	toy bear	6
玩笑	(名)	wánxiào	joke	20
晚	(形)	wǎn	late	7
晚会	(名)	wǎnhuì	evening party	21
晚上	(名)	wǎnshang	evening; night	7
碗	(名)	wǎn	bowl	21
网址	(名)	wǎngzhǐ	website	11
往	(介)	wǎng	in the direction of; toward	3
忘	(动)	wàng	to forget	18
为什么		wèi shénme	why	18
位	(量)	wèi	*(pol.) a measure word for people*	2
味道	(名)	wèidao	taste; flavour	22
喂	(叹)	wèi	hello; hey	12
文化	(名)	wénhuà	culture	8
文具	(名)	wénjù	stationery	4
文娱	(名)	wényú	cultural recreation; entertainment	20
问	(动)	wèn	to ask	3
问题	(名)	wèntí	problem	11
我	(代)	wǒ	I; me	1
我们	(代)	wǒmen	we; us	1
午饭	(名)	wǔfàn	lunch	20

X

西北	(名)	xīběi	northwest	10
西边	(名)	xībian	west	6
西红柿炒鸡蛋		xīhóngshì chǎo jīdàn	stir-fried eggs with tomatoes	22
西门		xī mén	west gate	10
西式	(名)	xīshì	Western style	7
希望	(动)	xīwàng	to hope; to wish; to expect	2
习惯	(名)	xíguàn	habit; custom	20
洗	(动)	xǐ	to wash	21
洗发水	(名)	xǐfàshuǐ	shampoo	4
洗手间	(名)	xǐshǒujiān	toilet	3
洗浴用品		xǐyù yòngpǐn	bath articles	4
喜欢	(动)	xǐhuan	to like	20
下	(名)	xià	next	14
下(车)	(动)	xià(chē)	to get off (a vehicle)	23
下(一)次		xià(yí)cì	the next time	9
下(课)	(动)	xià(kè)	to finish class	19
下来		xià lái	*used after a verb to indicate the completion or result of an action*	12
下铺	(名)	xiàpù	lower berth	24
下(棋)	(动)	xià(qí)	to play	20
下午	(名)	xiàwǔ	afternoon	5
下雪		xià xuě	to snow	16
下雨		xià yǔ	to rain	16
夏天	(名)	xiàtiān	summer	16
先	(副)	xiān	first	2
先生	(名)	xiānsheng	Mr.; gentleman	1
现在	(名)	xiànzài	now	21
相识	(动)	xiāngshí	to get aquainted	1
香	(形)	xiāng	(of food) delicious; appetizing	22
香蕉	(名)	xiāngjiāo	banana	9
香皂	(名)	xiāngzào	toilet soap	4

想	(动)	xiǎng	to think; to want to intend	3
向	(介)	xiàng	towards	2
象棋	(名)	xiàngqí	chess	20
像	(动)	xiàng	to be like; to resemble	5
像	(介)	xiàng	like; such as	20
销售	(动)	xiāoshòu	sell; market	11
小	(形)	xiǎo	small; little; petty; minor	10
小费	(名)	xiǎofèi	tip	22
小姐	(名)	xiǎojie	miss	1
小时	(名)	xiǎoshí	hour	24
小说	(名)	xiǎoshuō	novel	15
校园	(名)	xiàoyuán	campus	1
笑	(动)	xiào	to laugh	22
写	(动)	xiě	to write	17
写作	(名)	xiězuò	writing; composition	8
谢谢	(动)	xièxie	to thank (you)	3
新	(形)	xīn	new	2
新年	(名)	xīnnián	New Year	21
信	(名)	xìn	letter	17
信封	(名)	xìnfēng	envelope	17
信箱	(名)	xìnxiāng	mailbox	11
星期	(名)	xīngqī	week	8
星星	(名)	xīngxing	star	21
行	(动)	xíng	to be all right	12
姓	(动、名)	xìng	surname; family name	1
姓名	(名)	xìngmíng	surname and first name; full name	11
休息	(动)	xiūxi	to have a rest	8
续借	(动)	xùjiè	to renew	15
选修课	(名)	xuǎnxiūkè	elective (optional) course	8
选择	(动)	xuǎnzé	to select; to make a choice	17
学生	(名)	xuésheng	student	1
学生证	(名)	xuéshēngzhèng	student ID card	24
学习	(动)	xuéxí	to study	1

学校	（名）	xuéxiào	school	10
雪	（名）	xuě	snow	16

Y

呀	（助）	ya	*a particle (indicating affirmation)*	6
颜色	（名）	yánsè	colour	9
眼睛	（名）	yǎnjing	eye	18
眼镜	（名）	yǎnjìng	glasses; spectacles	18
阳光	（名）	yángguāng	sunlight	16
样儿	（名）	yàngr	appearance; shape	4
药	（名）	yào	medicine	19
药房	（名）	yàofáng	drugstore; chemist's shop; pharmacy	19
药片	（名）	yàopiàn	(medicinal) tablet	19
要	（助动）	yào	to want; to desire	3
要	（动）	yào	to want	4
要不	（连）	yàobù	otherwise	24
要是	（连）	yàoshi	if; suppose	17
爷爷	（名）	yéye	(paternal) grandfather; grandpa	5
也	（副）	yě	also; too	1
一	（数）	yī	one	3
一……就……		yī……jiù……	no sooner ... than ...; the moment ...; ... as soon as ...; once	24
衣柜	（名）	yīguì	wardrobe	6
衣帽架	（名）	yīmàojià	clothes rack	6
医生	（名）	yīshēng	doctor	5
医院	（名）	yīyuàn	hospital	19
一定	（形、副）	yídìng	sure; surely	8
一共	（副）	yígòng	altogether; in all; all told	4
一会儿	（名）	yíhuìr	a while	20
一下		yíxià	*used after a verb to indicate a brief action*	2

已经	(副)	yǐjing	already	5
以后	(名)	yǐhòu	after; later	2
以前	(名)	yǐqián	before; formerly; previously	18
以上	(名)	yǐshàng	more than	16
椅子	(名)	yǐzi	chair	6
一般	(副)	yìbān	generally	7
一边……一边……		yìbiān……yìbiān……	at the same time; simultaneously (*indicating two simultaneous actions*)	6
一起	(副)	yìqǐ	together	14
一些	(量)	yìxiē	some; a few	4
一直	(副)	yìzhí	straight	3
音乐	(名)	yīnyuè	music	20
银行	(名)	yínháng	bank	3
饮料	(名)	yǐnliào	drink; beverage	22
饮食	(名)	yǐnshí	food and drink	7
应该	(副)	yīnggāi	ought to	7
英镑	(名)	yīngbàng	pound; sterling	13
硬卧	(名)	yìngwò	hard sleeper	24
硬座	(名)	yìngzuò	hard seat	24
用	(动)	yòng	to use	4
邮局	(名)	yóujú	post office	3
邮票	(名)	yóupiào	postage stamp; stamp	17
邮政编码		yóuzhèng biānmǎ	post code	17
游泳		yóu yǒng	to swim	20
有	(动)	yǒu	there is; to exist	3
有点儿	(副)	yǒudiǎnr	a bit; slightly	7
有名	(形)	yǒumíng	well-known; famous; renowned	10
有时	(副)	yǒushí	sometimes	7
有意思		yǒu yìsi	meaningful; interesting	8
又	(副)	yòu	again	1
又……又……		yòu……yòu……	both ... and ...	9
右	(名)	yòu	right	3
鱼香茄子		yúxiāng qiézi	fish-flavoured egg-plant	22

雨	(名)	yǔ	rain	16
与	(连)	yǔ	with	11
羽绒服	(名)	yǔróngfú	down-padded anorak	9
语法	(名)	yǔfǎ	grammar	8
语言	(名)	yǔyán	language	8
浴室	(名)	yùshì	bathroom	6
预习	(动)	yùxí	to preview	8
预约	(动)	yùyuē	to make an appointment	15
遇见		yù jiàn	to meet	15
圆	(形)	yuán	round; circular	18
远	(形)	yuǎn	far; distant	3
院子	(名)	yuànzi	yard	20
月	(名)	yuè	month	14
月票	(名)	yuèpiào	monthly ticket	23
阅读	(动)	yuèdú	to read	8
阅览室	(名)	yuèlǎnshì	reading room	15
运动	(名)	yùndòng	sports; athletics; exercise	20

Z

杂志	(名)	zázhì	magazine	15
再	(副)	zài	again	7
再见	(动)	zàijiàn	goodbye	4
在	(动)	zài	*indicating where a person or thing is*	3
在	(介)	zài	*indicating where a person or thing is*	1
咱们	(代)	zánmen	we	10
糟糕	(形)	zāogāo	terrible; awful	18
早餐	(名)	zǎocān	breakfast	7
早上	(名)	zǎoshang	morning	7
怎么	(副)	zěnme	how	3
怎么样	(代)	zěnmeyàng	how, what about	7
占线		zhàn xiàn	the line is busy (or engaged)	12
站台票	(名)	zhàntáipiào	platform ticket	23
张	(量)	zhāng	*a measure word*	5

长	（动）	zhǎng	to grow	5
长相	（名）	zhǎngxiàng	features; appearance	18
账户	（名）	zhànghù	account	13
着急		zháo jí	worried; anxious	17
找(路)	（动）	zhǎo(lù)	to look for (the way)	3
找(钱)	（动）	zhǎo(qián)	to give change	4
照片	（名）	zhàopiàn	photograph; picture	5
这	（代）	zhè	this	2
这儿	（代）	zhèr	here	3
这里	（代）	zhèlǐ	here	17
这么	（代）	zhème	so; such; this way; like this	20
这时		zhè shí	at this time/moment	3
这些	（代）	zhèxiē	these	15
这样	（代）	zhèyàng	such; so; like this; this way	17
真	（副）	zhēn	really; truly; indeed	6
整	（形）	zhěng	whole; complete; full; entire	13
正在	（副）	zhèngzài	in the process of; in the course of	20
支	（量）	zhī	*a measure word for long, thin, inflexible objects*	4
只	（量）	zhī	*a measure word*	21
知道	（动）	zhīdào	to know	3
直达	（动）	zhídá	to go through; nonstop	24
职员	（名）	zhíyuán	office worker; staff member	13
只	（副）	zhǐ	only; merely	4
只能	（副）	zhǐnéng	can only	15
只是	（连）	zhǐshì	but	7
只有	（连）	zhǐyǒu	only, alone	8
只有……才……		zhǐyǒu……cái……	unless; only if	8
纸	（名）	zhǐ	paper	12
纸箱	（名）	zhǐxiāng	cardboard box	17
指	（动）	zhǐ	to point out	3
质量	（名）	zhìliàng	quality	9
中国菜	（名）	zhōngguócài	Chinese dish	20

中年	(名)	zhōngnián	middle-aged	5
中铺	(名)	zhōngpù	middle berth	24
中式	(名)	zhōngshì	Chinese style	7
中午	(名)	zhōngwǔ	noon; midday	19
终点站	(名)	zhōngdiǎnzhàn	destination station	23
种	(量)	zhǒng	kind; type; sort	4
重量	(名)	zhòngliàng	weight	17
重要	(形)	zhòngyào	important; significant; major	21
周末	(名)	zhōumò	weekend	8
粥	(名)	zhōu	gruel; porridge	7
主食	(名)	zhǔshí	staple food	22
煮	(动)	zhǔ	to boil	7
住	(动)	zhù	to live; to reside; to stay	6
住址	(名)	zhùzhǐ	address	11
祝	(动)	zhù	to wish	14
转	(动)	zhuǎn	to transfer	12
装	(动)	zhuāng	to put	17
准备	(动)	zhǔnbèi	to prepare; to plan, to intend	14
咨询	(动)	zīxún	to seek advice; to consult	24
自己	(代)	zìjǐ	oneself	2
自我	(代)	zìwǒ	self	2
自由市场		zìyóu shìchǎng	free market	9
走	(动)	zǒu	to walk	3
走廊	(名)	zǒuláng	corridor	6
足球	(名)	zúqiú	football	20
最	(副)	zuì	most	8
最后	(名)	zuìhòu	at last	17
最近	(名)	zuìjìn	recently, lately	7
左	(名)	zuǒ	left; the left side	3
左右	(名)	zuǒyòu	about; around	16
坐	(动)	zuò	to sit	20
座	(量)	zuò	*a measure word*	10
做	(动)	zuò	to do	2

专 名 Proper Nouns

A

艾丽	Àilì	Ally	6
安娜	Ānnà	Anna	6

B

白颐路	Báiyí Lù	Baiyi Road	3
保罗·罗伯特	Bǎoluó Luóbótè	Paul Robert	1
北京火车站	Běijīng Huǒchēzhàn	Beijing Railway Station	23
北京市	Běijīng Shì	Beijing City	11
北三环	Běisānhuán	the north section of the Third Ring Road	3

C

春节	Chūn Jié	Spring Festival	21

D

大明电脑公司	Dàmíng Diànnǎo Gōngsī	Daming Computer Company	11
大卫	Dàwèi	David	1

F

法国	Fǎguó	France	1

G

高小平	Gāo Xiǎopíng	Gao Xiaoping (*name of a Chinese person*)	11
桂林	Guìlín	Guilin	24

H

海淀区	Hǎidiàn Qū	Haidian District	10
海龙大厦	Hǎilóng Dàshà	Hailong Mansion	23
韩国	Hánguó	Korea	1
黄明珠	Huáng Míngzhū	Hwang Myeong Ju	2

J

加拿大	Jiānádà	Canada	17

K

昆明	Kūnmíng	Kunming	24

L

李小芳	Lǐ Xiǎofāng	Li Xiaofang (*name of a Chinese woman*)	5
刘	Liú	Liu (surname)	1
刘文	Liú Wén	Liu Wen (*name of a Chinese person*)	1

M

马克	Mǎkè	Mark	10
美国	Měiguó	the United States of America	17

Q

青岛	Qīngdǎo	Qingdao (*name of a city in Shandong Province*)	

R

日本	Rìběn	Japan	1

S

上海	Shànghǎi	Shanghai	17
圣诞节	Shèngdàn Jié	Christmas Day	21
圣诞老人	Shèngdàn Lǎorén	Santa Claus	21

T

泰国	Tàiguó	Thailand	2
天安门广场	Tiān'ānmén Guǎngchǎng	Tian'anmen Square	23
田中幸子	Tiánzhōng Xìngzǐ	Tanaka Sachiko (*name of a Japanese woman*)	1

W

王刚	Wáng Gāng	Wang Gang (*name of a Chinese person*)	1
王强	Wáng Qiáng	Wang Qiang (*name of a Chinese person*)	18

X

香山	Xiāng Shān	Fragrant Hill (*name of a mountain in Beijing*)	16
兴华公司	Xīnghuá Gōngsī	Xinghua Company	12
秀水街	Xiùshuǐ Jiē	Xiushui Street	9

Y

颐和园	Yíhéyuán	the Summer Palace	23
英国	Yīngguó	Britain	1
语言大学	Yǔyán Dàxué	Language University	23
云南	Yúnnán	Yunnan	24

Z

张丽	Zhāng Lì	Zhang Li (*name of a Chinese person*)	1
中关村	Zhōngguāncūn	Zhongguancun	11
中国	Zhōngguó	China	1
中国人民大学	Zhōngguó Rénmín Dàxué	People's University of China	1
中国银行	Zhōngguó Yínháng	Bank of China	3

发展汉语

《发展汉语》专为来华学习汉语的长期进修生编写，共13种，32本，每本教材均以一个学期为使用周期。除阅读和写作教材只分中、高两个层级外，其余各类教材均从零起点开始，分为初、中、高三个层级。基本上可以满足听、说、读、写各主干课程的教学需要。其中，中、高级教材也可供汉语言专业本科教学选用。

初级汉语

本书重视基础知识，立足于初学者，多角度地培养学生综合运用汉语的能力。学完本书，学生可以认读2000个左右较为常用的词语，基本掌握初级阶段的语法项目，并能运用这些知识进行简单的交际。

上册
荣继华　编著
407页　¥59.00　2006-03
9787561915820
CD 4盘　（¥32.00）
磁带4盘　（¥32.00）

下册
徐桂梅，陈满华　编著
303页　¥45.00　2006-07
9787561916490
CD 4盘　（¥32.00）

初级汉语口语

上册
陈晨　编著
270页　¥36.00　2004-09
9787561912966
CD 2盘（¥16.00）
磁带2盘（¥16.00）

下册
陈晨，Vicky Chu　编著
266页　¥36.00　2005-01
9787561913338
CD 2盘（¥16.00）
磁带2盘（¥16.00）

本书以“情景交际”为中心，以“功能－结构”为纲，选取48个初学者感兴趣的中心话题，实用、浅易、有趣，可使学习者初步掌握运用汉语口语进行交际的能力。

初级汉语听力

本书内容涉及见面、介绍、购物、学习等日常生活中急需的话题，强化训练，强调语音教学。词汇以HSK词汇大纲中甲、乙两级词为主，单元练习贴近HSK考试试题，实用性强。

上册　么书君，焦立为，赵万勋，傅由，蔡永强　编著

学生册	225页	¥32.00	9787561912874	2004-09	CD 6盘（¥48.00）
教师册	153页	¥23.00	9787561912881	2004-09	磁带8盘（¥64.00）

下册　张风格　编著

学生册	238页	¥32.00	9787561912850	2004-09	CD 6盘（¥48.00）
教师册	219页	¥28.00	9787561912867	2004-10	磁带7盘（¥56.00）

精品推荐
更多内容
Chinese Paradise

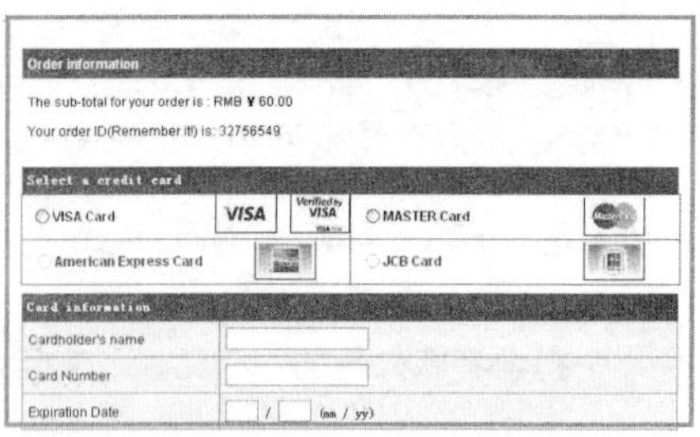
Order information
Select a credit card
VISA Card
MASTER Card
American Express Card
JCB Card
Card information
Cardholder's name
Card Number
Expiration Date

Chinese Paradise
— The Fun Way to Learn Chinese
汉语乐园
产品介绍
产品预览
教学示范
多媒体光盘样课
产品订购

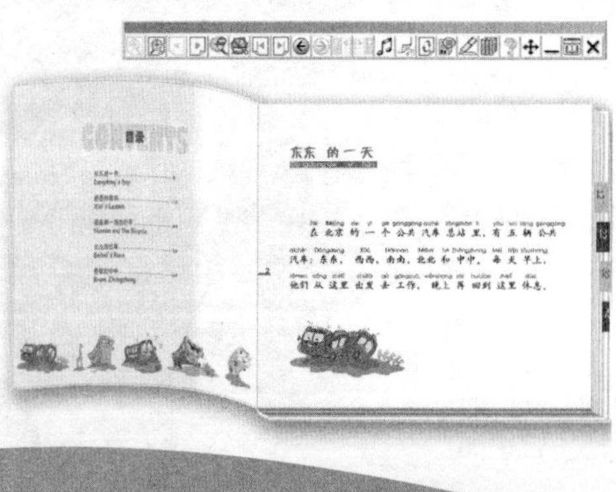
东东 的一天